喜丁型色

—— 民间美术如何玩转于中小学美术教学

魏虹　著

天津出版传媒集团

天津人民美术出版社

图书在版编目（CIP）数据

喜于型色 ：民间美术如何玩转于中小学美术教学 /
魏虹著. -- 天津 ：天津人民美术出版社，2021.8
ISBN 978-7-5729-0132-4

Ⅰ．①喜… Ⅱ．①魏… Ⅲ．①美术课－教学研究－中
小学 Ⅳ．①G633.955.2

中国版本图书馆CIP数据核字(2021)第164386号

_____

喜于型色——民间美术如何玩转于中小学美术教学
XIYUXINGSE MINJIAN MEISHU RUHE WANZHUAN YU ZHONGXIAOXUE MEISHU JIAOXUE

出 版 人：杨惠东

责任编辑：刁子勇

助理编辑：孙 悦

技术编辑：何国起 姚德旺

出版发行：天津人民美术出版社

社 址：天津市和平区马场道 150 号

邮 编：300050

电 话：(022)58352900

网 址：http://www.tjrm.cn

经 销：全国新华书店

印 刷：廊坊市海涛印刷有限公司

开 本：710 毫米×1000 毫米 1/16

版 次：2021 年 8 月第 1 版 第 1 次印刷

印 张：14.5

印 数：1－1000

定 价：58.00 元

　　"美育"其实不是"艺术"，但是"艺术"是支撑"美育教育"的抓手和途径。没有美育的教育是不完整的教育。美育与德、智、体育又有着不可割裂的关系，它们相辅相成、相互促进。美育在立德树人根本任务中方式更柔软，更能内化于心，在促进学生全面发展、在建立民族信仰、培育和践行社会主义核心价值观中具有不可替代的重要作用。中华美育精神最能体现中华审美与艺术传统的精神特质，美育的终极目标不仅仅在于个体的情感陶冶，也在于由此而实现完整人格的养成，而这种完整人格表现为个体与天地的和谐。它是自古以来中华多民族生存境遇及其共同价值体系长期孕育的结晶，凝聚着中华民族优秀文化传统的精华，具有绵长久远的生命力，在当前美育工作中具有重要的传承和弘扬价值，属于中华民族的审美与艺术传统。它是美育的核心，也是建立文化自信的根本。2018年习近平总书记给中央美术学院老教授写了一封回信，当中提到，做好美育工作，要坚持立德树人，扎根时代生活，遵循美育特点，弘扬中华美育精神，让祖国青年一代身心都健康成长等，用"中华美育精神"滋养青年一代，建立新时代民族信仰。但从总体上看，美育仍是我国整个教育事业中的薄弱环节。作为一线美术教师，应深入学习总书记在全国教育大会上的重要讲话，深入研究总书记提出的"中华美育精神"，尽快补齐学校美育工作中的短板，将美育融入学校教育全过程。

　　中国民间传统美术是"中华美育"的主要部分，它始终保持着旺盛的生命力和永恒的艺术魅力，既是我国传统民间文化遗产，也是世界艺术中绮丽的瑰宝。艺术界有句话："民族的才是世界的。"只有具有鲜明民族特点的艺术品才能在世界文化宝库里占据一席之地。中国民间美术具有鲜明的民族特色，蕴藏着极其丰富的精神内涵，包含着广大人民群众的思维方式、价值观念和审美情趣，它就是中华美育中最主要的内容之一，同时也是义务教育中美育内容的关键部分。而我们讲的"民间美术"，它既是一个地方形象独具魅力的名片，又是一种地方软实力竞争资源。它的主体是反映广大民众在习俗生活中最基本的群体意识——"生命意识"，它凝结着中国人的伦理情感、审美趣味与民族情怀，同时也是中国民间美术自诞生以来最为清晰稳定的文化主题，贯穿整个民间美术的形成和发展。它能充分地体现人类精神中的种种愿望、喜悦以及真挚情感，是注重人与自然和谐共存、艺术与生活精神互补的活态文化传统，是为生活而艺术的伟大创造并为现实生活服务的文化表现形式，是人类艺术价值的真正体现。它围绕着"生命意识"这一主题，出现了数量惊人的优秀作品，它选择的题材形式各异、造型手法不一，却都同样集中反映了人们对生命、繁衍的信仰，对吉祥、幸福的渴求。

　　2015 年 5 月，珠海市香洲区魏虹中小学名师工作室正式创建。工作室对成员教师的职业成长做了一个统筹规划，教师成长发展有两个轨迹方向需要把握：一个是教师美术学科教学专业成长发展轨迹；另一个是教师美术技能创作专业成长发展轨迹。而作为中小学阶段的教师，教育教学研究占的比重会更大些。每个发展轨迹都包括三个方面的运作模式：①学习型个人的形成。教师自身的学习提升，如：阅读、基本功训练、参赛、主动参与听评课、反思、论文随笔、主动交流、创作、帮助学生自我建构、形成个性教学风格等。②学习型小组的形成。小组导师兼组长带领成员主动交流学习、互听互评、学习笔记、基本功训练、参赛、资源共享、集体反思切磋、帮助成员自我建构等，也给小组领头人提出了管理组织的新高度。③学习型学生团队形成。训练、自学、学生自我建构、形成自信的性格等。工作室除了聘请本市、区及外市、区教研员为顾问外，还聘请了本市及外市名师、学科带头人成为工作室名师团队成员。他们有极高的威望，在业务上是珠三角区域美术教师的楷模代表，这样就实现了工作室的"金三角"结构，不但充分调动了成员的学习积极性，且让中坚力量也得到充分发挥，形成了一个高能量、高智慧的智囊团，充分发挥每位顾问、名师的能量和人脉，为工作室提供了扎实的发展平台。

　　工作室以"课堂教学上出精品、课题研究上出成果、育一群名优教师、出一批精品成果、造一支学习团队"为目标，三年来在理论学习（听讲座、读专著等）、课堂实践（教育教学实践、观摩课、参观学习等）、研究成果（论文、案例、课题、专著等)、示范引领(示范课、讲座、带学员等)、特色创新(个性化发展、创意工作室创建等)、个人自我评价与反思等方面取得了初步成效。以培育学员终身学习能力为核心,以提升教学实践能力为主线,以团队发展为目标驱动,工作室每次活动定时间、定地点、定主题、定内容,主持人积极营造学习氛围,着力提高工作室团队凝聚力,积极调动省内外优质教育资源。工作室通过"助推名优美术教师群体发展"的行动规划,有效地发挥了工作室团队的示范、引领和辐射作用。根据课改焦点和热点问题举办"中小学美术教学衔接""教学目标的有效设定""前置性课堂教学""一师一优课热身教研活动"等专题研讨和专题讲座。与东莞学科带头人、骨干教师联合举行"关注常态课堂,聚焦有效课堂"学术研讨会,到海岛送课,与当地教师、成员共同开课交流、听课、评课,现在,核心团队成员已经逐步成为珠海市各区域或学校的美术教育引领者。教学教研一直是工作室发展之重心,工作室一直本着教学乃教师工作之中心,无论绘画技艺有多高超,教学工作不能做好也是无济于事的。一个合格的教师应当也必须是围绕教学工作,不断提升自身的教学水平和教研能力,敢于改革创新,以全身心投入到培养学生的艺术核心素养而教,为学生的终身发展而教,这才能算是真正合格的美术教师。

珠三角民间传统美术的教育氛围和资源非常丰富,老师们每次考察回来都有很大收获,他们纷纷写下考察反思,同时把学习到的精髓运用到自己的教学实践中去,为广大孩子服务,收到良好的效果。成员们勤学巧思,积极进取,学习回来开始创建自己的"特色创意工作室",如"毛线画创意工作室""布艺画创意工作室""儿童水墨画创意工作室"等,大大带动学校的艺术氛围,培养了一大批对传统艺术有兴趣有追求的学生。工作室搭建平台,每学期开展"艺馨讲堂"活动,本工作室的成员教师可以是主讲人,导师、顾问、主持人也可以是主讲人,外邀专家也可以是主讲人,不分身份和角色,大家都能畅所欲言,可以谈生活,可以谈历史,更可以谈教学心得、创作体会,形成浓郁的学习交流氛围,老师们的阅读面宽了,阅读更有深度了,学习的渠道也多了。课题驱动、行动研究是教师自我发展、自我提高的基本方法,教师职业化要求我们必须研究教育,必须由"教书匠"向科研型教师转变。工作室鼓励成员积极申报省、市、区各类课题,以课堂教学为载体,以社团为延伸,以教带研,以研促教,积极开展课题研究,通过互动交流,实现优质教育教学资源区域内的共享。工作室推进"青蓝工程"建设，以工作室为平台，以室内成员为基本队伍，加强成员的辐射力和感染力，吸引一批年轻教师参与进来，通过"青年教师汇报课"等活动，利用课堂诊断、交叉听课、自学研修、课后反思、师傅帮带等形式，结对共助，共同成长，并在全区推广，发挥工作室的辐射作用。培养了几十位青年骨干教师，他们先后在全国各省、市、区各级各类教学竞赛中取得突出成绩，成员教师能独立参加各类赛课获奖，他们积极参与课题研究，在三年的学习过程中能独当一面地主持课题，并在规定的时间内结题，在研究过程中，老师们的科研水平、论文撰写水平都得到了很大的提高，师生也得到了很大的锻炼和提升。工作室立足有效教学课堂，快速提升学员专业化成长，构建了"互促式"学习共同体，促进多名优秀美术教师群体发展；搭建了"互动式"工作室博客交流平台，有效地提升了核心培养对象的专业成长，推出了一批精品成果，发挥了工作室团队在教育教学中的示范、指导、引领和辐射作用，在打造一支美术教研大团队的同时，带出了更多的优秀美术教师，90%的青年教师已经成为香洲区中小学美术教师队伍中的骨干和中坚力量。工作室的活动与区捆绑前行，推进平台共建，反思教学合和共赢。工作室凝聚力、辐射力和影响力不断增强，为本区中小学美术教师队伍建设及美术教育贡献力量。

　　本书以"民间传统美术"为切入点，从笔者以及主持的名师工作室中部分骨干教师的教学案例研究与评析、创意空间、"型""色"课题的研究与分享、美术活动研究与拓展中截取相关内容进行阐述和评议，旨在为美术教师在传承发展民族文化艺术的教学实践中提供参考和借鉴。书里引用的所有课例和课题都是笔者用心指导改进过的骨干教师的课例，对"民间传统美术"的教学进行了较深入的教学实践和研究并取得一定成果，也因此带动了一大批青年教师在专业化道路上不断提升，反过来教师的成长更推动了"民间传统美术"的传承与发展。美术教师队伍素质的提升大大影响到学校美育的特色创建和学生艺术素养的良性发展。今后工作室还会在促使教师自身成长、学生发展方面筑高平台，创设机会，同时打造校园的传统艺术特色，使香洲区校园传统艺术特色"满园春"。

前言

　　近几年国家关于校园美育工作多次发布实施方案和指导意见中都提到，到2020年初步形成大中小幼美育相互衔接、课堂教学和课外活动相互结合、普及教育与专业教育相互促进、学校美育和家庭美育相互联系的具有珠海特色的现代化美育体系。充实课程体系，组建优秀社团，建设艺术教育工作室，鼓励通过政府资助的形式向社会服务机构聘请优秀专业人才参与学校美育工作，鼓励支持专业艺术团体等高水平社团到学校开展高雅艺术进校园活动，培养更多能够胜任艺术学科教学任务的复合型教师，创建"一校一品"或"一校多品"，鼓励美育教师"送教""支教"到偏远及薄弱学校；鼓励艺术学科名教师、学科带头人等骨干组建专业工作室；鼓励和支持学校广泛发展学生艺术社团。引导艺术教育特色学校和优质社团与艺术教育薄弱学校建立结对帮扶机制。加大课改力度，积极开展各种形式的教学研究活动，拓展艺术教育空间，提高艺术教学质量。传承中华传统优秀文化，将对外交流与教师培训有机结合。依托艺术工作室大力开展对外文化艺术交流工作。发挥艺术工作室名师骨干的示范、引领、辐射、带动作用；鼓励艺术工作室根据自身实际和专业特点自主开展对外文化艺术交流等活动。

　　我们到底要做什么样的美术教育？朋友说："让孩子在艺术和自然里成长。"在这个国家给予的宽松环境下，我们可以放开手脚，大胆创新，精准提炼美育目标，为孩子创设各类有深度、有温度的美术课程和空间，让孩子透过美术表达自我，滋养心性，还原艺术本位，唤醒生命教育，做孩子们喜爱的真正的美术教育。

魏虹

2019年12月

目 录

第一章
概 述

第二章
教学案例研究与评析

第三章
创意空间研究与实践

第四章
"型""色"课题及特色课程

第五章
美术实践活动与拓展

第六章
关于区域美育工作推进的思考

第一章　概述

谁说民间传统美术不能登大雅之堂，它有着最质朴最能代表民间的色彩、图形，它诉说着老百姓的喜怒哀乐，传唱着老百姓的文化生活点滴……

　　不知从何时起，我们的美术教育开始关注到了它，在我们义务教育的美术教材中出现了五颜六色、绚烂多彩的图形，它们悄然吸引着我们的孩子，带我们走进一个神秘而多彩的世界……

　　而我们的老师又创意性地将其融入到校园的每个角落，融入孩子们的生活中，让每个孩子享受着多元的民间美术教育。民间艺术在悄无声息地传承繁衍着……

第一节　民间美术

　　大家都知道，中国民间美术就是中国老百姓创作的、在日常生活中应用流行的美术形式，主要以美化生活环境、丰富民间传统风俗活动为目的。它是运用最老土、最自由的艺术语言，诉说了民间意识中最美好的愿望。"民间美术"开始于20世纪70年代，冷静地思考什么是民间美术，以及民间美术共包括哪些门类。多数情况下，我们对"民间美术"概念的使用，还是处在一种相当模糊和不确定的状况中。对民间美术的学习与研究，是非常能促进其传承与发展，并可以使其获得新生，而它的发展，对于促进我国现阶段的社会主义文化建设也是具有积极的现实意义的。民间美术为一切美术形式的源泉，是组成各民族美术传统的重要因素。从新石器时代的彩陶艺术，到魏晋后的版画、年画、剪纸、农民画、刺绣、印染、服装缝制、风筝等，更是直接来源于群众之手，并装饰、美化、丰富了社会生活，表达了人民群众的心理、愿望、信仰和道德观念，世代相沿且又不断创新、发展，成为富于民族乡土特色的优美艺术形式。

　　民间美术品种极多，并且目的、用途各不相同，如有供赏玩的造型艺术，亦有以实用为主的工艺品。总的来说，可分为：绘画（版画、年画、建筑彩画、壁画、灯笼画、扇面画等）、雕塑（彩塑、建筑石雕、金属铸雕、木雕、砖刻、面塑、琉璃建筑饰件等）、玩具（泥玩具、陶瓷玩具、布玩具、竹制玩具、铁制玩具、纸玩具、蜡玩具、活动玩具等）、刺绣染织（蜡染、印花布、土布、织锦、刺绣、挑花、补花等）、服饰（民族服装、儿童服装、嫁衣、绣花荷包、鞋垫、首饰、绒花、绢花等）、家具器皿（日用陶器、日用瓷器、木器、竹器、漆器、铜器及革制品、车马具等带有装饰及艺术价值等）、戏具（木偶、皮影、面具、花会造型等）、剪纸（窗花、礼花、刺绣、刺绣花样、挂笺等）、纸扎灯纸（各种花灯、纸扎）、编织（草编、竹编、柳条编、秫秸编、麦秆编、棕编、纸编等）、食品（糕点模子、面花面点造型、糖果造型等）。依材料、工具分类：民间美术分为平面造型和立体造型。

我国由 56 个民族组成，不同民族间的文化差异很大，所以也产生了不同的民间艺术样式，形式多样，题材广泛，并以热烈、质朴自由的特征显示其魅力。民间美术不仅仅是民间世代相传的艺术习俗，还是民间沿袭的一种永恒的信念，在传承中形成了一种具有惯性的民族观念性的心理特征。无论是何种形式的民间美术作品，最先入人眼帘的就是它的色彩。色彩是民间美术灵魂与观感的基础形式，它承载的思想与信仰在历史发展与演变中逐渐形成了民族艺术特有的审美标准与情节模型，根植在民族的最原始的核心观念，而这些不会被时代变迁或文明发展所改变。哪怕是随着时代的变迁，民间艺术的宗教与神性淡化，它所具有的民族化的审美标准不仅不会改变，而且是不断浸染和启迪着后来的民间艺术的创新与发展，由此形成了永恒美学规律与经典美学特征的色彩使用法则。

民间美术的色彩非常有特点：①民间美术中的色彩运用讲究一定的类型化和程序化。大多以歌诀、口诀或是顺口溜的形式传承，例如云锦的配色口诀：两晕玉白深浅红，三晕水银配大红；又如无锡泥人的上色歌诀：红得艳，绿要娇，白需净，纯色如纸映心魂等，形成一定的规律和程序。中国民间美术赋色不仅考虑视觉效果，更注重情感与精神的融入。在长期的经验积累和实践中，民间美术探索总结出了色彩真正的赋色诀窍。经验的总结和赋色诀窍的出现使得民间美术的色彩发展在相对恒定中不断提升与进步，所以呈现出类型化和程序化的审美特征。这种程序化的赋色法则通用于所有的民间艺术作品，也只有这样才能解析民间美术创新的程序化的赋色法则，才能让程序化的美学特征在无限时空中拥有持久生命力。②中国民间美术色彩具有地域性，但也具有一定的整体性。老百姓的美术色彩审美和喜好的关键在于不同地域文化的差异。中国地域广阔，各地区的气候、环境、地形以及产物的差异明显，南北地区人们的生活习惯与文化差异巨大，因此也造成了民间美术色彩存在很大差异。③民间美术中色彩有一定象征性和寓意性。中国民间美术色彩是将色彩看作一种符号，借以表达观念或事物。例如西藏地区的藏戏面具，其色彩丰富多样，不同的色彩面具代表着人物不同的社会地位，红色是权力的象征，用于位高权重的角色的面具设计；蓝色是天空的颜色，所以天神的面具用蓝色；绿色具有生命特点，被用于母亲的面具设计；白色代表善良，多用于老者面具。又如陕西地区的社火脸谱的用色口诀：红色忠勇白为奸，绿是侠野粉老年；黑为刚直青勇敢；黄色猛烈草莽蓝，专画妖魔鬼神判。这一口诀充分展现了脸谱的用色象征性。④中国民间美术色彩带有典型的东方文化特征和装饰性。它是一种纯手工的、依据人民意愿的个性创造，它是一种不与机械复制相同，并且独具个性化的色彩展现。如大胆地运用大红、大绿等色彩的阳泉面花，这样看似随意和无规则的色彩，却能表达出明亮、欢乐的心境，这样的用色略显犀利，搭配的巧妙，展现出一种和谐、淳朴的色彩美。⑤民间美术色彩具有取材随意的特性，自然的物品随手拈来，形成了质朴的美术作品，运用泥巴、草、花叶等为载体制作出来的美术毫无矫揉造作的意味。材料合理的搭配，使得色彩之美表现得淋漓尽致。这样的随意搭配，也造就了民间美术粗犷的装饰性美学特征。

随着社会进入经济现代化，老百姓的生活发生了巨变，原本传统民间美术赖以生存的自然经济被大力冲击，在这种状况下，许多年届高龄的民间老艺人的民俗技能后继乏人，在这种过程中，我国大批民间美术遗产逐渐濒临淡灭，同时，当代民间美术的发展面临着一个尴尬境地。在当下，由于科学技术获得了不断地进步以及我国对外开放程度的逐渐加深，出现了现代化的设计形式，这对我国的民间美术产生了深远的影响，也使我国的民间美术面临着新的挑战。想要保留并传承我国的民间美术，作为一线教师，不但要加强对民间美术的研究，同时还要加强民间美术的教学实践和研究。近几年，社会上一股"返璞归真"之风悄然兴起，许多广泛汲取民间艺术养料的作品，进入人们的视野，登上了艺术殿堂。民间美术迎来了新的历史发展机遇：民间染织、刺绣受到越来越多的人的喜爱，马甲、旗袍登上了多彩的舞台，成为表演女性的着装，最富民间特色的花窗和雕花板用于装饰现代家庭居室。随着社会的发展，现代文化渗透到了我国的民间文化中，人们的思维方式也发生了很大变化。在现代社会，我们既不能放弃民间艺术形式，也不能违背社会规律，以民间美术来简单代替大工业时代的产品，更不能单纯地收藏、封存，而要充分解放思想，开拓思路，发展创新，合理利用，使其更好地为时代服务，为现代化建设服务。

【教学实录（案例）举隅评析】：《丰富多彩的民间美术》（欣赏课）

一、欣赏导入，激发兴趣

（一）欣赏布老虎

（1）播放《两只老虎》。

师：刚才你们听的是什么歌？

生：《两只老虎》。

师：老师这里也有两只老虎，一只出生在大自然，另一只出生在山西民间一户普通的农家里，是一个老奶奶亲手缝制的，它们长得一样吗？哪里不一样呢？（板书：选材、色彩、造型）

生：布老虎是用布做的。

师：是的，布老虎是用我们身边极其普通的棉布和棉花缝制的。（板书：贴近生活）

生：布老虎色彩非常鲜艳，身上有黄、红、绿、蓝等醒目的颜色。（板书：艳丽、明快）

生：布老虎的眼睛特别大，四肢好短，尾巴也变短了。

师：对比现实中的老虎，布老虎的四肢尾巴大幅度地收缩了，而嘴巴、眼睛则变得大大的，正是这种夸张变形的手法，让布老虎看起来更憨实可爱了。（板书：夸张、变形）

师：老奶奶缝制这只布老虎是准备送给她孙子的，你知道她为什么会选择布老虎作为礼物吗？

生：老人期望老虎能保护孩子们平安，健康成长。

生：希望小孩子像老虎一样勇敢坚强。

（2）教师小结：在民间，孩子满月、周岁时总能收到各种各样的虎玩具、虎鞋、虎枕等，在人们心中，布老虎能避凶纳吉，是孩子们的保护神，送给孩子是希望孩子平安长大，像老虎一样健壮。

（二）民间美术的定义（多媒体展示）

师： 民间有很多像布老虎一样，人们利用身边普通的材料，制作出的民间美术
作品，什么是民间美术呢？民间美术——是人民群众创作的，用以美化环境、
丰富民间风俗活动，并在日常生活中应用、流行的美术。

（三）出示课题

师： 今天就由苏老师和大家一起，走进丰富多彩的民间美术。

（板书：丰富多彩的民间美术）

【设计意图：教师通过播放学生熟悉的儿歌，用真老虎与布老虎作了
直观形象的对比，引导学生发现以布老虎为代表的民间美术在选材、色彩、
造型上的共同特征，使学生对民间美术有了直接的感受和初步的了解。】

二、讲授新课

（一）中国民间美术的类型以及民间美术与民俗的关系

师： 日常生活中，人们运用灵巧的双手制作了大量的民间美术作品，我们来看
看这段视频。

师： 观看了短片，你知道了什么？

生： 知道了民间作品的分类。

生： 知道了民间作品与人民生活息息相关。

......

师： 看一看，这些作品你有见过或特别喜欢的吗？

多媒体展示五类有代表性的民间美术作品（剪纸、年画、中国结、玩具、雕塑）。

师： 和小组的同学交流，你在哪见过？有什么作用？

生： 新年的时候，我们家会贴上年画、剪纸窗花，增添了节日的气氛。

生： 奶奶的布鞋上有刺绣图案，我家的电视墙上还装饰有中国结。

生： ......

【设计意图：通过视频介绍，让学生了解民间美术的类别、基本特点，以及民间美术与民俗的关系；通过讲讲见过或喜欢的作品，引导学生思考民间美术的来源和用途，点出民间美术与人们的生活息息相关。】

（二）学生分组介绍不同类别的民间美术

民间美术种类繁多，在课前，老师让同学们分组收集了相关资料，现在请第一组同学为大家介绍一下。

1．第一组学生代表介绍剪纸

生：我们收集的是关于剪纸的资料，剪纸就是用剪刀将纸剪成各种各样的图案，材料可以是纸张、树皮、树叶、布、皮革等片状材料，剪成的作品有窗花、门笺、墙花、顶棚花、灯花（PPT）。逢年过节或喜庆日子，人们常常会把美丽鲜艳的剪纸贴在雪白的墙上或明亮的玻璃窗上、门上、灯笼上等，使节日的气氛更浓郁喜庆。剪纸内容非常丰富，人物、鸟兽、文字、器用、鳞介、花木、果菜、昆虫、山水等都是常用是题材。（PPT）这是我们用学过的知识剪出的作品（图：对称剪纸、二方连续剪纸、团花剪纸）。

2．第二组学生代表介绍皮影戏

生：我们组收集的是关于皮影戏的资料，皮影戏又称"影子戏"或"灯影戏"，人们用兽皮或纸板做成人物剪影，然后用来表演故事的民间戏剧。表演时，艺人们在白色幕布后面，一边操纵影人，一边用当地流行的曲调讲述故事，同时配以打击乐器和弦乐，有浓厚的乡土气息（PPT）。我们小组还为大家准备了一小段皮影戏（小视频），请大家观赏。

3．第三组学生代表介绍编织工艺

生：千百年来，勤劳的劳动人民为了生存，就地取材，通过不断的实践，选择利用自然界中生长的各种植物，编织出各种生活所需的器物。中国结从头到尾都是用一根丝线编结而成，每一个基本结又根据其形、意命名。把不同的结饰互相结合在一起，或用其他具有吉祥图案的饰物搭配组合，就形成了造型独特、绚丽多彩、寓意深刻、内涵丰富的中国传统吉祥装饰物品，中国结是一种古老的编织艺术，中国结始于先民的结绳记事，"结"在漫长的演变过程中，被多愁善感的人们赋予了各种情感愿望。

生： 鱼结寓意年年富足，吉庆有余；寿字结寓意人寿年丰，寿比南山；双喜结寓意喜上加喜，双喜临门；同心结寓意恩爱情深，永结同心；祥云结寓意吉祥如意，祈保平安。

4．第四组学生代表介绍年画

生： 我们组收集的是关于年画的资料，在古代，人们在过年时会制作和张贴漂亮的年画，以祝愿新年吉庆，驱凶迎祥。年画的内容丰富多彩，起到增添节日喜庆气氛的作用。年画因一年更换，或张贴后可供一年欣赏之用，故称"年画"。神仙与吉祥物，世俗生活，娃娃美人，故事传说等都是年画常用题材（各题材PPT）。从种类来说，年画大致分六类：①门神类，②吉庆类，③风情类，④戏出类，⑤字符类，⑥杂画类（PPT）。

（1）案例分析《连年有余》。

师： 和其他民间作品一样，年画也是多以吉祥寓意的纹样进行装饰，而这些纹样多蕴含着不同的寓意，老师这也有一幅（PPT年画《连年有余》）。

师： 这是一幅产自天津杨柳青的木版年画，你知道它的题目吗？

生： 《连年有余》！

师： 其实，年画的作者还跟我们玩了一个捉迷藏的游戏，他把题目中的文字都藏在画中了，你们发现了吗？

生： 我看到了莲花，对应着题目里的"连"；我看到了鱼，对应着题目里的"余"。

师： 这种捉迷藏的游戏，很多民间艺术家都喜欢玩儿，他们用同音字的方法，把带有美好寓意的文字用画的形式表现出来。我们来感受一下。（出示谐音、寓意、象征的表现手法）例如：要表示"吉祥"，他们会画上大公鸡，要表示"平安如意"他们会画上如意和花瓶。除此以外，艺术家们还喜欢用寓意和象征的方法表现吉祥的题材，例如，石榴寓意着多子多福，而桃子则象征长寿。

师小结： 民间美术种类繁多，但它们都有着与布老虎许多相同的特点，例如，都是选取贴近生活的材料，色彩艳丽，造型夸张，同时藏着许多吉祥的寓意（板书）。

（2）游戏：给吉祥语找家。

师： 老师想和大家玩个小游戏，（出示吉祥语和相关图案）这些吉祥语该回到
哪幅图案的家呢？小组讨论、交流。

生： 金玉满堂是第一幅，因为金鱼与"金玉"谐音，塘和"堂"谐音。

生： 事事如意是第三幅，因为图案上有如意和柿子。

生： 第三幅图中的喜鹊站在梅花上，应该是喜上眉梢。

生： 松树和仙鹤都象征长寿，放在一起是代表松鹤延年。

师： 看来，同学们掌握得真不错！

5．第五组代表介绍民间雕刻

生： 雕刻分为玉雕、石雕、牙雕、木雕、竹雕、微雕等。为了收集民间雕刻的资料，
我们来到了珠海有一百多年历史的陈芳故居，这里汇集了各种花纹图案的
灰雕、砖雕，屋内雕梁画栋，美轮美奂。

生： 牌坊用花岗岩建造，榫卯结构，庑殿顶，石斗拱，石阑额，石柱下置角柱
石、须弥座，脊上立鸱吻、鳌鱼和火焰宝珠，雕刻花卉、瓜果、人物、瑞兽、
暗八仙等（PPT）。石牌坊中西合璧的艺术造型，是石建筑的艺术珍品。

师： 陈芳故居数花厅最富有特色。因为走进这个房子，可看到，屋内屋外，屋
上屋下，无处不雕花，无处不刻花，有花门、花窗、花玻璃、花墙壁。刻
着花鸟的门阁、窗阁，厚重的老式百叶窗，精致的浮雕玻璃（PPT）。都给
了我们非常美的感受……

师： 这是故居屋顶上的一组灰雕作品，请同学们仔细观察，这上面都有哪些内容？

生： 最高的地方，有两只蝙蝠两个铜钱，寓意福寿双全。

生： 中间有橘子和花瓶，寓意四季平安，最下面是"喜上眉梢"。

师： 这小小的空间寄托了主人许多的美好愿望，民间美术是不是很有趣呢？

> 【设计意图：创设探究型学习的气氛：以小组为单位进行收集资料，
> 交流评述，学习气氛开放自主、合作互动。学生学会合理利用网络信息以
> 及寻访等手段收集资料，对丰富多彩的资料学会思考，学会筛选有价值的
> 信息来展示，初步形成对民间艺术的鉴赏能力，体会民间美术与生产生活
> 之间的关系。】

（三）认识传统纹饰

师： 民间美术无处不在。我们的美术书上也有个砖雕作品，名字叫《狮子滚绣球》请大家仔细观察，除了狮子滚绣球这一主体图案以外，你还发现了哪些纹饰？

生： 云纹、水纹。

生： 花草纹、金钱纹、如意纹……

师： 为了美化画面、更好地表达吉祥的主题，很多民间美术作品都会采用大量的纹饰进行装饰。我们来认识一下这几种常见的纹饰（PPT）。

师： 这些纹饰的灵感大多来自大自然，他们想表达一种怎样的感情？

生： 对大自然的热爱。

师： 民间美术种类繁多，我们这节课主要了解了其中的一部分。民间美术广泛存在我们的生活中，并美化着我们的生活。如我们住的房子，我们用的器皿，家具、服饰等等（PPT展示）。

【设计意图：本环节通过欣赏砖雕作品，使学生进一步了解民间美术的独特艺术语言内涵。以美术欣赏的角度，进一步探究中国民间美术的独特艺术语言和一般表达形式，以此增强学生对民间美术作品的鉴赏能力，并为下一环节的评述活动作为分析、鉴赏民间美术的理论基础。】

（四）体验活动（用剪纸作品装饰衣服）

师： 老师这里有其他小朋友的一些剪纸作品，用它们来装饰花瓶、衣服，漂亮吗？

（师示范用剪纸作品装饰衣服）想不想也用自己的剪纸作品装饰一下这些衣服？

1. 用微课展示制作步骤

2. 出示体验活动要求

（1）剪纸形式不限，融入传统纹样。（对称、团花、二方连续等形式）

（2）内容健康。

（3）配色和谐，装饰美观。

【设计意图：通过体验活动，让学生用学过的知识，以剪纸方式装饰服装，既加深同学对民间美术的理解，又让同学们体会到民间美术与生产生活之间的关系。】

（五）展示与评价：自评、互评、教师导评

生：我剪了一只大蝴蝶装饰我的裙子。"蝴"和"福"谐音，我希望穿上这件衣服，像蝴蝶一样快乐地生活。

生：我用团花剪纸装饰 T 恤，觉得简洁又美观……
分享自己最喜欢的作品，并讲出理由。

生：我喜欢这幅，因为他用了对称的剪纸方式，装饰在衣服上面，显得很端庄。

生：我喜欢这幅，因为剪纸的图案、色彩和衣服的款式搭配非常和谐……

【设计意图：通过评价加深学生对传统纹饰造型的认识，提高学生的美术创作能力。通过多种评价方式，让学生在评价过程中提高审美能力和表达能力。】

（六）老师小结

师：通过这节课的学习，你有什么收获或感受？

生1：我知道了民间美术在选材、色彩、造型、图案的一些共同特征。

生2：民间美术无处不在，课后我会发现更多的美。

生3：用民间美术作品装饰我们的生活，会有意想不到的效果。

生4：民间美术大多寄托着人们的美好愿望。

【设计意图：通过交流，学生梳理本课所学知识，并可以通过此途径为个别学生析疑。】

（七）课后延伸

师：通过刚才的学习，相信同学们对民间美术有了更深的了解，珠海虽然是个年轻的城市，但它的民间美术作品一点也不少，请同学们课后找找你身边的民间美术，并与爸爸妈妈分享你在课堂里学到的知识。谢谢同学们的配合，下课。

【设计意图：引导学生注意观察、寻找及收集身边的民间美术作品。让学生感受所生活地方民间美术的人文性及丰富的文化内涵，参与文化传承和交流。】

（案例提供：苏霞）

民间美术是民间艺术的一种，是由广大人民群众自发创造、欣赏并在民间流传的美术，与人们的生产劳动、生活风俗、宗教活动的需要紧密相连。中国民间美术分布广、品种繁，制作材料庞杂、功能多。由于它是群体之间相互借鉴与传承的共性艺术，并与民生民俗共存，因而具有稳定的传统式样和丰富的文化内涵。现在的信息社会，科技日新月异，应该让孩子们了解和接触中国民间艺术，激发孩子们对民间艺术的兴趣，提高孩子们的艺术鉴赏力和民族自豪感。该案例实施对象为四年级学生，此年龄阶段的学生对新鲜事物比较感兴趣，民间美术在日常生活中都有所接触，本课主要采取自主探究的学习方法。另外，四年级的孩子对绘画、剪纸等已有所了解及体验，因此在作业环节老师让学生选择适当的材料，用剪纸的方式，装饰服装。

本课教学旨在让学生全面了解中国民间美术的种类及其艺术语言特征，及其与民俗活动的关系。民间美术种类繁多，知识体系庞大，需要精心设计教学流程，才能避免流于形式的蜻蜓点水，让学生真正地学有所得。之前苏老师也上过这节课，但由于老师以"讲"为主，收效甚微，这次老师采用了学生主动参与、自主学习的"探究式"学习方式，引导学生逐步解决学习难点，达到学习目标，呈现出良好的教学效果，实践证明，本课的教学设计是比较成功的。整理一下主要有几个亮点：①紧密结合生活，在身边寻找美、发现美。课前，老师已布置不同的任务，让学生分组查阅、寻访相关的资料，学生在收集资料、整理分析的过程中对民间美术有了初步的了解，为教学的顺利开展做好了铺垫，课堂中让小组代表分享学习不同样式的民间美术，但很显然，学生收集的资料是"分散"的，作为组织者的老师，顺势引导讨论、探究、归纳，并通过视频，更进一步地了解民间美术的种类与特点，直观地了解民间美术与民俗之间的关系。在学生介绍本土雕刻作品的时候，老师也不失时机地深挖本土的教学资源，让学生感受身边的民间美术。②巧设环节，在启疑激趣中让学生参与、探究。在导入部分，老师选取学生喜闻乐见的布老虎与现实中的老虎进行对比，引导学生小结出以布老虎为代表的民间美术在选材、色彩、造型等艺术形式上的共同特征。利用"寓意""谐音""象征"等手法表达吉祥的主题，是民间美术特有的艺术语言，如何深入浅出让学生更好领会呢？引导学生欣赏年画《连年有余》，引导学生分析作者"捉迷藏"的秘密，再设计一个"吉祥语"找家的小游戏，学生在"恍然大悟"中感受到了知识的乐趣。③综合应用，巩固新知，鼓励学生深入参与。为巩固所学知识，老师设计了一个"设计·应用"的体验活动，引导学生用学过的剪纸形式装饰衣服，学以致用，并通过自评、互评等评价方式，感受民间美术在生活中的实用性与装饰性，课后，老师鼓励学生继续寻找身边的民间美术，感受劳动人民对吉祥、幸福生活追求的情感和智慧，增强民族自豪感。

老师通过引导学生欣赏、了解民间美术色彩、造型、选材的特点和民间美术常见的"寓意""谐音""象征"等表现手法，使学生能用美术术语描述民间美术作品的独特美感，认识传统纹饰并能制作一幅民间美术作品中的传统纹饰。通过创设观察、交流、探究的机会，让学生体验民间表达"吉祥"主题的图案纹样、色彩特点。使学生受到美的熏陶，感受和认识民间美术独特的装饰风格与审美观，在欣赏中产生对民间美术的兴趣，从而突破观察民间美术的选材、造型和色彩的特点以及装饰风格与独特的审美情趣，概括常见纹饰。能用语言描述民间美术的特点和象征寓意。本课是在快乐满足的气氛中结束的。整节课老师努力为学生搭建一个活泼的、立体化的学习空间，老师成功演绎好学习合作伙伴角色，而学生则在掌握知识，提高美术素养的同时，促进学习能力的提升。

第二节　美术教育

美术教育就是以教育为手段，向学生传授一定的美术知识和技能，发展和传播美术文化；以美术为媒介，通过美术教学，培养学生的道德情操和审美能力、习惯。美术教育是一种重要的文化教育活动。它产生于人们延续美术文化，传播社会知识，表达内心情感，满足审美需求的愿望，并随着人类的进步和社会的发展而渐趋成熟。美术教育的根本在于培养学生的正确审美观，提高学生感受美、欣赏美、创造美的能力。

美术教育改革的成败和教学质量的好坏关键在于教师。根据尹少淳教授所说，教师应具备一种对教学活动进行整体策划、设计和实施的"教学领导力"。它包括建立学习共同体的能力、开发美术校本课程的能力、设计单元化研究型教学的能力、实施单元化研究教学的能力、教学反思与研究的能力。促进教师专业发展已然成为教育改革的重要任务导向。

美术教师应该具备两方面的专业理解：教育角度和美术专业角度。在这里我只谈教育角度的认识。美术教师从事的是美术学科教育，其任务是培养美术素质、提高审美能力和运用美术的能力。《2011年版美术课程标准》中也有提到充分发挥美术教学陶冶情感的功能，努力培养学生健康的审美情趣，提高学生的审美能力。这就需要我们教师自觉协调教与学的各种活动，在实践与反思的过程中共建经验，达到学业目标和社会性目标的能力。尹少淳教授还提到了"美术教师跨越式发展的可能性"，有部分教师已经踏上了"转型式发展"之路，形成了"教学领导力"之后，就能跨越传统教师单纯"积累式发展"的成长过程，而发展为符合新课程精神的、深受学生欢迎的研究型教师。这是目前美术教育界可喜的一大进步。

而美术教学又与课程、教材直接相关、密不可分。《2011年版美术课程标准》中对课程基本理念提到，美术是人类文化的一个重要组成部分，与社会生活紧密联系。通过美术课程，学生了解人类文化的丰富性，在广泛的文化情境中认识美术的特征、美术表现的多样性以及美术对社会的独特贡献，并逐步形成热爱祖国优秀文化传统和尊重世界文化多样性的价值观。艺术界流行一句话："民族的才是世界的。"只有具有鲜明民族特点的艺术品才能在世界文化宝库里占据一席之地。发展民间美术，需要一批懂得欣赏民间美术的群众。创造好的生存环境，特别是我们要立足美术教育，要在小学、中学的美术课中增加民间美术内容，使中小学生从小就接受熏陶。在高等学校增加民间美术的鉴赏课及组织民间艺术活动社团等，让民间美术成为青少年民族传统文化教育和艺术学教育的一部分。支持创新民间艺术活动载体，开展群众参与面广、影响深刻的民间艺术等活动，既满足群众"求美、求乐"的需求，又为民间艺术的发展创造良好的环境。如中央美院的"请民间美术大师进课堂"，举办全国青少年剪纸大奖赛，让民间泥塑走进学校课堂，与青少年面对面，营造不一样的民间艺术氛围，让孩子们在民间美术教学中体验不一样的民间美术的魅力等等。

美术教学就是让学生学到绘画与制作的本领；能培养学生的综合能力，发挥学生在各个方面的才华；能使学生感受美；能使学生热爱学习。在课改浪潮中，我们美术教师的理念正在发生着翻天覆地的变化，从而带动了其教学行为、教学方法和教学评价等方面的变化，新旧教学理念的碰撞促进了教师理论学习的提升，使许多教师发展成为"研究型教师"。课改也使得课堂教学行为发生了巨大的变化，美术课不再是以前教师在上面画，学生在下面画；素质教育已进入美术教学，在课堂中以发展学生为本，使学生成为学习的主人；在作业过程中，更注重学生在学习过程中的探究，让学生学得轻松，学得快乐。美术课堂就好像一个乐园，让学生乐在其中。正确的美术教育是启发一个人对美的好奇和求知的心理，而不是说让一个人完全一丝不差地去模仿一个东西。课程的改革促使教学理念和教学方法的改变，同时也在促使着学科内容的改变。

　　谈到美术教学，我们还是回到美术教材。教科书不仅仅是教师的"教本"，也变成了学生的"学本"。无论是人美版还是岭南版教材，在各年段教科书中还大量输入关于中国民间传统文化的教学内容，这是国家课改后教科书编写的一大进步，如岭南版小学美术教材中四年级上册就有五个单元的教学内容与传统民间美术内容有关，《走进民间美术》《神秘的图腾柱》《漂亮的挂盘》《印染"花布"》等。十几年下来，教改的浪潮冲击着我们每一位美术教师的大脑，一夜之间所有人茅塞顿开，有部分老师头脑一发热，开始质疑我们课改后的教材编写，有的说：教材太死板，教学内容太浅、单一等等。于是所谓的个性化创意的教育思想开始漫天飞舞：今天我把手工课上成绘画课，明天我彻底颠覆教材内容，上我自己开发的教学内容，就是所说的"校本教材"。我看过许多个美术教育研究课题都是与"校本课程"有关的，好像我们的教材完全没起到作用一样。课改发展到今天，开发课程是必须有的途径和趋势，但是我们不能将其偏颇地理解为编写"校本教材"，也不能理解为只是加深教材的难度和深化教材的内容。美术课程的开发对一线的美术教师来讲，主要是使得教科书上的内容如何更加贴近生活、贴近学生，使得学生感到有用、实用且有趣。这就需要美术教师挖掘教科书的教育内涵和课程教学目标。教师可以从教学设计的角度深入挖掘教材的可供拓展的空间，使得学生更好理解、更好接受所要学习的内容。我们不能一味地追求"求新求变"而不顾学生的实际需求，开发课程不是目的，其宗旨在于服务于学生能更好地去丰富自己的内心。作为美术教师，应当秉承一颗热爱教育的心，多关注、多积累，尽力充实和开发教材内容。这样才能不断有新的灵感和创新，真正将优秀的地方教育资源转化到美术教育之中，实现课程开发。

第三节　型与色

　　回归到美术专业的理解。美术也叫造型艺术、视觉艺术、空间艺术、静态艺术。一般来讲美术作品构成的基本要素是：点、线、形状、色彩、结构、明暗、空间、材质、肌理等，以及将这些元素组合成一件完整作品的基本原理，包括多样统一、比例、对称、平衡、节奏、对比、和谐等。而我们这里所说的"型"就是指美术中基本要素之一："造型"。造型要素主要有点、线、面、体块与空间、光与色、质地等。在艺术造型中，如能很好地利用这些要素，将使作品更具魅力。因此，我们必须认识了解造型要素并能积极恰当地应用。民间美术就是美术中的一个"小分子"，但却博大精深，它影响着我们文化生活的方方面面。美术专业中讲到的所有基础或元素，都与民间美术息息相关。

　　绘画中"形"和"型"有什么区别？我们平日所说的"有型"，是指有气质的意思，只是此"型"非彼"型"，是不能和绘画中特指的"型"挂钩理解的。词组"形体"和"造型"，这两个绘画的相关词组其实已经很清楚地说明了两个同音字在绘画中的不同含意。绘画中的"形"指的自然是物体的基础轮廓外形，而"型"指的则是物体的内在造型，是艺术家在写实物体的基础上进行主观变化和适度夸张后产生的表现性艺术造型。回归到我们小学生、初中生的基础美术学习中，这两者都有，"形"是基础，且占的比重较大些，从小学阶段过渡到初中阶段，正是由"形"达到"型"

的学习目标，只是相对大学及成年人艺术学习和设计创作会粗浅些。

当然，在一系列的关于"形"和"型"的教学中永远脱离不了"线"的教学。没有"线"，哪有"形"和"型"呢？线（Line），线条可以构造具体形态，还可以表现运动的事物。我们可以利用直线、曲线、对角线、不规则扭曲的线进行绘画。可以通过立体派画家的作品学习几何形态。通过超现实派画家达利的作品表现形态的多样性，通过塞尚的静物画，进行寻找大小各异的几何物体的游戏也可以帮助理解几何形态。在一系列的关于"型"的教学中又永远脱离不了"形"的教学。真是你中有我，我中有你。

"色"，即色彩、颜色，美术基本要素构成之一就是颜色。颜色是作画时表现感情的重要元素。颜色可分为暖色调（橙色、黄色、红色等）和冷色调（蓝色、绿色、深紫色等）两种。暖色调有着视觉上扩大的作用，而冷色调则相反。因为就算是相同的颜色，也会因周围颜色而产生不同的视觉效果。其实色彩也是有"点""线""面"之说，色彩的点是指同一色彩的发光光远点或高光点；色彩的线是指同一色彩的延伸色彩的光带或色彩的整体线；色彩的面是指同一色彩在整体中的色调分布面。

民间美术中最需要谈的是"色彩"。中国民间美术的色彩最能体现中国民族文化精神，同时也表达了人们祈福迎祥、求吉避凶的民俗心理。由于色相对比鲜明强烈而被许多都市里的专业艺术家视为色彩粗俗和缺乏高雅，因此他们对民间美术中大量的色相对比的应用持半接受的态度。但事实上，驾驭色相对比比其他那些相对柔弱的色彩对比要困难得多，全面把握这种色彩结构的本质也是难度很大的。色相对比是在人类绘画历史上出现最早的色彩对比，它最直接地表明人类原始时期本质的色彩需要。中国传统的赤、青、黄、白、黑这些最基本的原色，它们个性鲜明，并列运用时所形成的充满生命张力的色彩效果是其他所有的色彩结构很难比的。而在绘画色彩结构中，最基本的色相对比是红、黄、蓝，或者红、绿、蓝，这些是高纯度的颜色，但经过不同面积的调和，便组成了稳定的色彩结构，这也是我国民间美术物件或作品中常见的。

自古以来，民间美术一直都使用色相对比构筑了其鲜艳丰富的色彩视觉。最具典型特征的是民间年画、民间彩塑、戏曲人物造型。陕西年画中的门神最为出名，大红、桃红、黄、绿、黑五色为最常使用的颜色。其绘制粗犷、明快、洒脱。我们熟悉的民间泥玩具一般采用黑底上绘制红、黄、白、绿等纯度较高，面积较小，又极其饱满的色彩与底色形成强烈鲜明的对比，使红色更艳，绿色更鲜，白色更亮。由于色相对比在绘制中颜料之间很少混合发生化学作用，所以人类历史上保存年代最久远的绘画作品基本都是色相对比结构。如我国一千五百年前绘制的敦煌壁画、永乐宫壁画，其鲜明饱满的色彩和视觉心理效果，不得不令观者对色相对比所产生的永恒的色彩魅力叹为观止。民间美术讲究色彩的色相对比的同时也讲究色彩的冷暖对比、补色对比、纯度对比、面积对比。冷暖色的对比是对人的感情产生最大影响力的色彩对比，由于老百姓对热闹、红火、喜庆气氛的积极追求，冷暖对比所产生的丰富色调风格恰好满足了百姓的情感需求。补色对比为最鲜明的色彩结构。由于民间美术的整个情调是活泼喜庆的，补色对比常常为老百姓的首选。在各种表现绘画的色彩秩序中，纯度对比是最为明显的色彩秩序，这在民间绘画、服饰、刺绣，建筑中最为突出。其中敦煌石窟的顶部藻井图案上创造性的对纯度对比的使用最具特色。

第四节 "玩转"

每一门功课都有"基本功底"一词。对于美术来说，就是初学的功课，这是最基本的，包括素描、速写、色彩、设计基础，并对美术史有所了解、掌握。面对多彩斑斓的民间美术世界，无论是"线""型"还是"色"，其背后的文化都隐藏着学生学习和了解相关的美术基础知识、美术基本功和创作技能技巧，我们只有努力学好民间美术的知识和技能，将民间美术知识和技能运用到我们的生活当中去，让民间美术在每个孩子的指尖闪耀出智慧的光芒，才能更好地传承和发展我国民间传统艺术。

第二节中谈到的"教师的转型发展"及"教学领导力"中，我们认识到美术的教学改革方向，美术教师的发展方向，由传统的知识、经验的"积累式发展"走向提高"教学领导力"为核心的"转型式发展"。改革思潮一浪接一浪，教师转型一波接一波，在学生正被高科技、时尚前沿的东西冲击头脑和思想的时候，在他们眼里，民间美术显得有些老土、落后。在民间美术教学中，我们到底以一种什么样的方式才能引导学生更好地更有效地去学习民间美术知识和技能呢？来实现对民间传统美术的传承与发展呢？这对于我们美术教师来说无疑是很大的挑战。我们要让孩子们在创设的一种宽松有趣的环境中学，在学中轻松愉快地接受并形成自己建构的知识和技能，让"教"与"学"以一种更新更高效更有趣的方式相长、互动，因此我用了"玩转"一词通俗地表达了我的想法。

尹少淳教授在《小学美术教学策略》一书中谈到了四大学习领域的教学策略，分宏观策略和微观策略，但无论是宏观还是微观，我们的目的就是让学生喜欢美术，喜欢民间美术。除了教师提高自己的人格魅力，给予学生充分的自由，帮助学生得到充分的学习方法解决生活中的问题；让学生有所收获，获得成就感；营造良好的学习创作的氛围，不局限在课室内，还需提供校外的学习资源和创所，包括校外的一些艺术活动等。"玩转"一词，就是指教师灵活多变又有趣的教学方式及教学活动设计，校内外各种民间美术教育资源，采用灵活多样、有创意的教学活动模式，创造性地带引学生快乐学习。学生不局限于在课室中的你讲我听，而是可以自由游走于教师创设的各种教学情境中，自由地针对学习内容进行质疑，轻松地展现着自己的艺术素养和才华，学生主观能动地去探究学习，它们的艺术灵感和创意油然而生。在本书中就是指常规 40 分钟的美术课堂教学、延伸到课外的主题教学活动、民间美术项目学习活动、课题研究活动、特色课程教学、工作坊活动等等。美术教师在各类活动中"玩转"民间美术，进行民间传统美术教学过程中倾注智慧和汗水，坚持和创造性地引领学生传承和发展中国的民间传统文化。[1]

---

[1]　尹少淳：《小学美术教学策略》，北京师范大学出版社，2010 年 4 月第一版，参考第 7—27 页。

第二章 教学案例研究与评析

教学案例是对教学过程中真实、典型而且含有问题的事件的阐述，对教育教学具有重要意义，它能够反映教育教学一些内在的规律或教学思想、原理。对教育教学中真实事件进行分析研究，寻找规律或产生问题的根源进而寻求解决问题或改进工作的方法与途径，形成新的研究课题，目的是能与具体的教育教学工作相结合，形成工作、教学与研究一体化。它有助于教师把先进的教学理念落实到具体的课堂教学行为之中，提高教师的实践反思能力，促使教师的专业成长，提高其听课、评课教研活动的实效，提高课题研究的实效。

本章节展示我工作室（广东省珠海市魏虹美术名师工作室）部分一线教师的教学案例，这些案例都曾是本人指导授课教师备课磨课，并在各类教研活动中展示观摩，部分获得过部级、省级优质课或在全市、区直播展示。通过对工作室部分骨干教师成员的教学案例进行展示、评议，望能给一线美术教师提供一定的研讨和借鉴。

第一节　线

【教学实录（案例）举隅评析】：《美妙多变的线条》

教学过程：

一、课题导入

今天和同学们第一次见面，我带来了一份见面礼，请大家欣赏一段录像，下面我们来一起分享。

（一）播放音乐喷泉录像

师：请问你看到了什么？听到了什么？

生：线条、音乐。

师：这是一个由电脑设计的音乐喷泉，水珠形成的线条随着音乐在翩翩起舞，以直线条变化为主，并且随着音乐节奏的强弱而变化，形成了漂亮的景色。

（二）播放长绸舞蹈录像

师：请问你又看到了什么？

生：演员在跳舞。

师：刚才播放的是《我们中国》，我们看到不光是人在跳舞。她们把手中的彩带也挥舞出了美丽的线条，非常的优美。

（三）播放书法作品图片

师：这是一幅字，我们看到书法家每一笔的线条都有粗细变化，苍劲有力，一气呵成，显出龙的精神，龙的气势。

（在这个环节中，周庆老师非常巧妙地将中国传统的古典舞蹈长绸舞、中国传统书法作品欣赏引进了课堂教学，让学生在短短的时间里深深体验到中国传统民间美术的魅力，并能在欣赏过程中领略传统文化所带来的震撼，在传统民间美术中感受到"线"的存在和变化，从而引导学生在生活中的方方面面寻找线的变化。）

（四）出示课题

师：今天我们美术活动的主题就与线条有关。（出示课题：美妙多变的线条）

【设计意图：通过展示音乐、舞蹈、书法中的线条，让学生在观察与感受中，体会线的美妙与多变，关注线的形态美，由此导入课题。同时借助音乐、舞蹈、书法丰富了美术课堂教学，让学生明白各类艺术是相通的。】

二、课题深入

（一）寻找生活中的线条

师：刚才我们感受到了音乐、书法、舞蹈中的线条，其实在我们的生活当中就存在着许多美妙多变的线条，线条就藏在我们身边，大家找一找，藏在哪里呢？我们来比一比，看谁找得多。

生：老师的头发烫卷了是波浪线、同桌穿的衣服是一条一条的横线条、课桌边是直线条、蜘蛛网上有线条、树叶上有线条组成的叶纹、手掌上也有很多线条……

师：我来看看吧。（看不清，转身戴上电线做的眼镜）这种线和毛线有什么区别啊？

生：质地不同。

师：同学们真棒！找出了这么多的不同质感不同形态的线条，其实线条也就分为两大类：直线和曲线（板书）。

（二）认识线条及所表达的情感

师：刚才我们是用眼睛发现身边的线条，老师用摄像机也捕捉到了大自然中的线条，我们来欣赏一下。你在里面发现了什么线条？（课件展示线条图片组一）

生：折线、交叉线、水平线。

师：分别说出看到这些线条组成的画面你的心情怎么样？

生：平静、焦躁不安、壮观……

师：刚才我们看到的这些线条它们都属于直线这一大类。

师：你在里面发现了什么线条？为什么要用这样的线条？这些线条给你什么样的感觉？（课件展示线条图片组二）

生：生动活泼、柔和舒畅、优美……

师：这些线条扭动着身体在干什么呢？（跳舞）想不想和它们一起跳？

师生随着音乐即兴跳舞。鼓励学生自己编动作。

师：刚才我们看到的这些线条他们都属于曲线大类。

【设计意图：力求让学生主动获得知识，体验感受线条的变化无穷，如"发现线条""融入情感欣赏线条""用丰富的肢体语言表现线条"更多地带有探究的用意，用以激发学生的观察力、想象力、表现力，让师生在一种有情有意有爱的活动中交流。让学生在美术的学习过程中获得成功的情感体验，进一步感受线条造型的特点。】

（三）线条小游戏

师：我们已经认识了线条，也知道了不同的线条会给人带来不同的感觉，让我们来轻松一下，玩个线条小游戏。老师播放几段不同的音乐，请你把听到音乐后的不同感受用线条表现出来。（课件播放三小段音乐：《加沃特舞曲》《解放军进行曲》《蓝色多瑙河》）

小组相互交流意见，请代表发言用什么线条表现最合适。为什么？

《加沃特舞曲》　　　《解放军进行曲》　　　《蓝色多瑙河》

　　【设计理念：本环节我让学生用线条表现音乐，尝试用不同的线条来表现音乐的不同变化，把音乐和绘画两种艺术手段整合交替。使学生在活动中充分地参与感受，使他们的想象力、创造力、艺术表现的变通力都得到提高，从中积累艺术经验，也为后面的创作、欣赏、把握作品的内涵奠定了基础。】

（四）欣赏线条画作品

师：同学们真棒，用不同的线条表达了听到音乐后的不同感受，但老师觉得大家画的线条太单调了，有什么好的办法让你的线条作品更丰富更漂亮？

生：线条多一点，线条要有变化、色彩要丰富……

师：想不想知道艺术家和小朋友们是怎么样来表现线条的，我们来欣赏一下吧。

　　（课件展示线条美术作品）你觉得作品怎么样？他们分别是用什么材料表现出来的？美在哪里？

生：小组讨论后回答。

　　【设计意图：通过欣赏不同材质不同表现形式的线条作品，开拓学生的创新思路，激发学生探究创新的欲望，培养学生发散性思维，为后面学生创作打基础。】

三、明确任务，布置作业

师：欣赏完了这么多漂亮的线条画作品，我们来玩个竞赛游戏"线条变变变"。

　　（课件出示要求：用各种线条组合起来变成一幅漂亮的线条画）

（1）老师这里有张没有画完的线条画作品，画的是"美丽的珠海"，哪组同学愿意来帮老师画完。要求用接力赛的形式完成。

（2）有的同学课桌上摆放了要求添画的作品，要加上自己的想象力添画完整。

（3）还有的同学课前就准备了各种不同的工具材料，请你利用手中的工具材料把它变成一个漂亮的线条画作品。

我们来比一比，要求在规定的时间内，哪组同学完成得又快又好。

学生动手创作。教师到小组中去参与学生的活动（播放轻快音乐）。

【设计意图：让学生运用自己喜欢的材料和方式去完成作业，充分满足了学生的个性和需求，使他们的创造力得到最大的宣泄，同时采用小组合作的形式，培养了学生的合作、交流意识。】

四、评价、展示作品

学生上台粘贴展示作品。并给自己的作品起个好听的名字。

学生针对自己和他人的作品进行评价，评出认为最优秀的作品。

教师点评并给小组加红旗。

【设计意图：通过作品展览，让学生相互欣赏、交流，鼓励学生大胆发表自己的意见，流畅地表达自己的想法。】

五、拓展

师： 现在有这么多漂亮的线条作品，我建议大家把它做成小小的礼物，写上自己的名字送给自己的同学、好朋友，或送给爸爸妈妈爷爷奶奶。让我们也和线条做朋友，创作出更多更好的作品，把我们的生活装扮得更美丽。（学生现场赠送作品，播放欢快的音乐下课）

【设计意图：与父母、亲人、朋友分享自己的作品。表达自己的爱心。融入了人文的思想，突出了"以美育人"的最终目的。】

（案例提供：周庆）

美术学科核心素养中的"审美判断"，是指根据形式美的原理，感知、分析、比较、诠释美术作品中所隐含的各种美的因素，分析和辨别生活中的视觉文化现象，进而做出自己的看法和判断。艺术起源于人类对线条的认识。当原始人最早使用石块和树枝在地上和洞壁上随意画出一些线的痕迹时，他们就发现了线条的表达功能，其结果是他们那些原始的情感就在那些画中流泄出来。用线条造型是人类最早、最简洁的绘画表现形式，也是孩子们最喜欢的绘画游戏方式。无论是涂鸦期的孩子，还是视觉写实期的孩子，只要可以拿笔绘画，线条一定是他们的首选。因为线条是造型的基本要素，也是形式美最基本的表现方式，线条是可以让孩子们随心随意表达情绪的方式。在线条绘画的活动当中，是孩子的思维情绪推动着线条的变化，也是外围环境带给孩子的情绪变化而让手中的线条产生变化。线条是点移动所形成的轨迹，由于点移动方向和速度的不同，产生不同形状和特点的线条，给人不同的审美感受，绘画离不开线条，尤其是儿童绘画，线描是儿童绘画最常见的表现方法，线条是小学二、三年级学生最主要的造型表现语言。

此课教学内容取材于岭南版义务教育小学美术第四册《美妙多变的线条》，意在让学生从大自然和生活的万物中发现线条、认识线条，带进了中国传统艺术的元素，并营造了"多元""人文""创新"的课堂环境，培养学生感受美、鉴赏美、创造美的能力。

《美妙多变的线条》的难点就是对线条的感受与表达。孩子们对于抽象的线条既熟悉又陌生，熟悉的是自己天天都可以运用和体验，抽象的是它只是一种运用的符号，而并不能让孩子直白地理解线条的含义。基于这点，授课教师对本课教学活动进行了精心的设计，教师通过音乐的试听、视频的观赏、作品的欣赏，特别是将中国传统的长绸舞、书法艺术引进课堂，这也是课的最大亮点，引导学生感受着其中线条的美感，让学生在观察与感受中，体会线的美妙与多变，关注线的形态美，从而达到培养和提升学生的审美判断素养。

新的教学理念告诉我们，学生的主动精神、创新精神和实践能力的培养以及学生个性和潜力的发挥很大程度上取决于学生的学习活动方式的转变，教师的一切教学活动应落实到充分调动学生主动参与学习的积极性上。在本课中教师针对学生特征和心理特点，投其所好，让学生在学中玩、玩中学，以游戏的形式开展活动，通过看线条—找线条—引导学生融入情感欣赏线条作品—用各种喜爱的形式表现线条—送作品表爱心等环节，让学生在轻松自然的观察、欣赏、体验和感受中自主探究并以小组合作的形式共同学习。融看、画、做、玩于一体，充分激发学生学习美术的兴趣。

在教学过程中，引导学生主动去表达生活中的事物，寻找与尝试不同的材料，探索各种线的造型方法。在课堂中还注意渗入与社会生活相适应的多元、人文、创新等综合意识，特别是出现了中国传统的文化信息——书法、传统舞蹈等，给学生提供了一次有意思的传统民间美术的体验。使学生通过视觉感受、审美感受后能以科学和艺术的眼光去认识客观世界。给学生传递了一种信息：同一种物体可以用不同的形式来表现。美来源于生活，服务于生活，只有善于发现美，创造美，我们的生活才会多姿多彩。在创作过程中，学生通过小组合作、互相交流点评，更让其他同学学会了更多的技法，懂得运用更多的制作材料。最后的拓展将课堂紧密联系到生活，让生活成为课堂的延续。

从学生的学习过程来看，这节课教学环节紧凑，教学思路清晰，贴近学生。整个教学过程流畅自然，学生思维活跃，课堂气氛轻松愉快，作业完成情况较好。教师在教学中注重对学生审美能力、自主探究能力的培养，克服了过去那种"满堂灌"的教法，体现了以教师为主导、学生为主体的精神。教师是引导者、组织者。学生在学习过程中充分发挥了主观能动性，积极探索。教师利用多媒体教学的能力较强，应用时机恰当，课件制作精美，资料准备丰富，既开阔了学生视野，又节省了大量的时间，增大了课堂容量。课后拓展较好，送礼物表爱心、与别人分享自己的作品，融入了人文的思想，充分体现了新课标的精神。

从作业效果来看，绘画作品使用水彩笔或油画棒完成，上色非常果断，画面线条流畅，作品的表现形式丰富多样，有的是毛线贴画、有的用橡皮泥表现线条作品、有的用牙签或小木棍摆出各种线条造型，学生已掌握了一定的线条画的技巧。

学习美术是师生之间有情有意有爱的交流。美术教学要融入更为丰富而多元的人文环境中，让学生在美术的学习过程中获得关怀和尊重，产生爱、快乐、欢喜和骄傲的情感体验。教师的教学思路清晰，教学方法灵活多样，通过让学生发现身边的线条，欣赏作品发现大自然的线条美，开阔眼界，贴近小学生的年龄特点，再让学生以游戏的形式去表现线条，用各种材料表达生活中的事物，能强调以学生的感受为主，给予学生自由选择材料、技法的空间，挖掘个性。在整个教学过程中，学生兴趣高涨，学生通过对不同工具材料的选择运用，大胆体验它们不同的性质，在不断体验、选择中发现适合自己的材料，教师努力为学生创设一个民主、和谐的教学氛围，让学生在自由、宽松、愉悦的环境中学习。特别是在点评环节，教师能紧密联系生活进行多元化的评价，给孩子们一个无形的鼓励，激发他们的创作欲望和创作灵感，教师优美而具亲和力的教态，把学生的学习兴趣及美好的情感始终带动着，课堂气氛活跃。学生能在其中体验学习的乐趣和提升自身的美术素质。构建了一个真正能使学生全面、和谐发展的美术课堂。

【教学实录（案例）举隅评析】：《线描花卉》

教学过程：

师：上课前，请同学们跟着黄老师呼吸，呼气，吸气，为什么要练习呼吸呢，先跟你们卖个关子，等会儿告诉你们。

一、激发兴趣，导入课题

师：播放植物开花的视频。问：视频里的花朵美吗？（美）花卉带给你什么感觉？

生：花卉能美化我们的生活，给人带来愉悦感。

师：今天我们的课就与花卉有关，请同学们翻开书 25 页，本是一节国画写意课程，但由于工具和大家基础的关系，这节课结合实际，改为一节基础课程——《线描花卉》。线描自古以来就有，这是《海棠蛱蝶图》《写生杏花图》《花篮图》。

【设计意图：让学生初步感受线描画面的美感。】

二、线描的意义

师：线描究竟是什么呢？

生：用线画物体，用线创作……

师："线描"就是完全用线条来描绘对象，不涂颜色。线描本来大抵是用来打草稿的，宋代画家李公麟把它发展成独立的画种。你知道，线描有什么特点吗？

生：细致多变，没有色彩会单调一点……

师：线描不只是讲究工细，更重要的是追求以意引笔，以力勾线，气贯始终。

【设计意图：通过引导学生质疑，让学生初步了解线描画意义。】

三、比较

师：把两幅相同主题的线描放在一起。

师：你喜欢哪幅作品？为什么？（一幅线条流畅，一幅线条断断续续）

生：喜欢左边的，因为线条很流畅，一气呵成。

师：怎样线条才能流畅呢？我想请同学来感受一下，什么是流畅的线条？请两位同学在黑板上分别画上流畅的线条和不流畅的线条，其余的同学在长方形的白纸上先画一下流畅的线条。

生：……

师：要果断、自信地画，线条才能流畅，万一画错了怎么办呢？请同学们将错就错吧。

师把两幅相同主题的线描放在一起。

师：你喜欢哪幅作品？为什么？（一幅线条有疏密关系，一幅很平均）

生：喜欢右边的，因为线条有疏密，使得画面有主次关系。

【设计意图：通过引导学生质疑，让学生初步了解线描画意义。】

四、观察

（一）粗细变化

师：请同学们观察这幅牡丹，它的线条有什么不同？

生：粗细不同？

师：同学们观察得非常仔细，再请你观察一下，最粗的是什么？是枝干，其次呢？是叶子，最细的是什么呢？

生：是花朵。

师：那我们用硬笔画的，怎么才能画出它的粗细呢？

生：……

师：粗的部分可以多画几次，就粗了。

（二）曲直线

师：那么花头给你什么感觉呢？

生：柔软。

师：用什么线才能表现柔软呢？

生：曲线。

师：请同学们在长方形的纸上画一下，什么样的线条能表现柔软，我也请个同
学来黑板上画画，曲线能给人柔软的感觉，那枝干给你什么感觉呢？

生：坚硬。

师：用什么线才能表现坚硬呢？也请个同学来画一画，你们也画在白纸上。

生：直线和折线。

（三）花卉的结构

师：花朵我们都很熟悉了，以荷花为例，一朵花由哪几部分组成？

生：花蕊、花瓣、枝干，组合成一个碗的形状，基本上所有的花都是这样的结构。

五、教师示范

一幅线描花卉的重点是花头，花头的重点是花蕊，那我们画的时候一定要从花
蕊开始画起，再画花瓣，再画花托连接着枝叶，画枝叶时要观察叶子在前就画叶子，
枝干在前就画枝干，要注意遮挡。我们在画的时候就应该先确定好花心的位置，再
画花托，茎叶和枝干。（在黑板上示范）

六、线描花卉的要求

师：黄老师的线条有什么特殊的么？

生：老师画的线条非常流畅、有顿挫变化……

师：是的，黄老师的线条有顿挫，一根线上用了不同的力气，画出了轻重之分，
画面会非常的生动。刚刚的呼吸就能用上了，一条线就在呼吸之间。再请
一个会书法的同学来演示一下用呼吸怎么把呼吸和线条融合在一起。也请
你们在白纸上用上呼吸画线条。

生：尝试老师说的方法描线。

师：线描的笔法来源于书法。每一条线在笔法上都有起笔、行笔、收笔三个过程，注意顿挫。

七、构图

师：黑板上有四幅不同的构图，请同学们看一看你最喜欢哪一幅？为什么？

生：最喜欢第四幅，最和谐看着最舒服，既不会太满也不会太空，在空白之处还可以落款。

师：希望同学们的作品也能够和谐舒服。接下来欣赏几幅毓秀的线描作品。只要掌握方法了，持之以恒地练习，大家一定能画出自己满意的线描作品。接下来我们一起尝试着临摹一幅简单的线描作品。准备好材料工具了吗？接下来开始绘画吧，我会在你身边，有问题随时举手提问，我会耐心辅导解答。

八、学生作画，教师辅导

九、自评与他评

师：你们的作品完成得非常好，一起来欣赏一下。我想请几位同学说说自己的画。

生1：开始我不敢动笔，后来才慢慢敢动笔，线描的时候大气不敢出，屏住呼吸，手有点抖。感觉很难画。

生2：构图的时候没有想好，所以画偏了点。

生3：……

师：其实大家都是第一次尝试画线描画，所以紧张是正常的。临摹一幅作品不容易，关键是我们掌握了方法，还有坚持着每天练练笔，总有一天你会画出自己满意的画卷的。大家看看，你们的作品要比我想象的更加优秀。

十、课后小结

师：今天咱们感受了线描画的魅力，学习了线描的基本方法。下课后可以和同学交流自己的心得，利用周末再尝试着调整呼吸描一描线条，你们会有不一样的收获。加油！

（案例提供：黄文媛）

《写意花卉》本是六年级的一堂国画写意课，但老师并没有直接让孩子们接触意象的写意，而是结合教材，结合孩子们的实际情况，改成《线描花卉》，目的要让孩子们感受线描作为中国传统绘画的重要表现技法所具有的神韵，线描是中国画造型的骨架，也代表了中国画的主要审美特征。无论是传统的中国画，还是不断发展中的当代国画作品，以平面（线）造型的含义与性格都折射出中国人观察事物的独特眼光。中国人自古善于线性空间的游走，正是源于中国的哲学、独特的绘画工具和中国社会审美积淀，才逐渐形成的平面（线）造型观念。

六年级的学生虽然还很难理解顾恺之"迁想妙得""以形写神"的含义，但学生对于美的线条都有着本能的感受和追求，作为老师应当为他们搭建一个了解线条美，了解传统艺术的桥梁。因此传统线描临摹课程是学生理解中国画造型理念的入门课程，也是使学生掌握中国画观察和表现方法的基础课程，其重要意义就是影响着学生对本专业学科的能力锻炼和对中国传统艺术的认知。教师通过分析教材和学情，确定"对花卉的线描练习，线的运用，线条排列、组织和表现"为教学重点，围绕教学重点，指导帮助学生总结出"呼吸描线"的方法，让学生真正体验到不一样的绘画情景，从而能自然地接受技能较难的"线描"技巧练习，学生轻轻松松地学，老师轻轻松松地教。如"黄老师的线条有顿挫，一根线上用了不同的力气，画出了轻重之分，画面会非常的生动。刚刚的呼吸就能用上了，一条线就在呼吸之间。再请一个会书法的同学来演示一下用呼吸怎么把呼吸和线条融合在一起。也请你们在白纸上用上呼吸画线条。"最终达到"使学生通过线描花卉画的练习，提高线描的技巧；能用美术手段创作出线描花卉，学习用不同的线条表现对象的质感、量感；体验动手创作的收获与乐趣；培养学生热爱祖国传统艺术的感情"的教学目标。

第二节　型

"型"就是指美术中基本要素之一"造型"，造型要素主要有点、线、面、体块与空间、光与色、质地等。绘画中的"形"指的是物体的基础轮廓外形，在绘画和雕塑中，轮廓的正确与否，对作品的成败至关重要。而"型"指的则是物体的内在造型了，是艺术家在写实物体的基础上进行主观变化和适度夸张后产生的表现性艺术造型。根据材料、工具分类，将民间美术大致分为平面造型和立体造型。像剪纸、年画、刺绣、染织等等，可以归为平面造型的民间传统美术；而泥塑、布玩具、面塑、编结等，可以归类为立体造型的民间传统美术。

一　平面造型民间美术

【教学实录（案例）举隅评析】：《剪团花　巧装饰》

教学过程：

一、导入

魔术导入，利用魔箱变出团花作品。

师： 大家看看，这个剪纸作品的外形和花纹有什么特点呢？

生： 它的外形是圆形的。它有漂亮的花纹，花纹是一样的，花纹排列是一圈的。

师： 聪明的同学们说得真棒！它的外形是圆形的，图案是围绕圆心上下左右对称、重复出现的，这样的剪纸作品，我们叫它剪纸团花。（团花的特点）我们今天的主题就是 —— 剪团花，巧装饰。（板书课题）

【设计意图：魔术导入，激发孩子们的好奇心，提高学习兴趣，找出团花的特征，并导入课题。】

二、新授课

师： 我们先了解一下剪纸团花历史吧。（引出新课）

（一）团花知识

微课视频介绍团花的历史。剪纸的历史 —— 团花是剪纸艺术中最常见的一种形式。

师： 欣赏"猴团花"，团花是中国剪纸历史最悠久，运用最广泛的一种形式。现在发现最早的团花出现在距今一千五百年前的古代。在一千多年前的人们就能够把这么复杂的动物图案用剪的形式表现出来，我们可以知道剪纸艺术在那个时候都已经非常成熟了！

【设计意图：视频短片的形式是学生喜欢的一种教学形式，用视觉直观展示的形式，将几千年的剪纸团花历史直观展现给学生，改变了老师直接说教的传统模式。】

（二）团花的作用

师： 同学们，你们见过团花吗？它们一般出现在哪些地方？

生： 过年的时候看到过，春节在家里和爸爸妈妈一起贴过。

师： 同学们回答得真棒，说明平时大家都仔细观察过生活。（介绍团花的作用）

师： 团花的外形是圆形的。象征着团圆、幸福。人们逢年过节的时候，会把它贴在门上窗上，装饰我们的生活，增添节日气氛。不同的团花图案还会有特殊的意义呢。（引出下一个环节）

【设计意图：让学生回忆生活中团花的用途，让学生学会多观察生活，在生活中寻找艺术。结合传统节日的特点，了解中国的节日传统习俗，感受中国传统节日氛围。】

（三）团花中的传统纹样和寓意

1. PPT 展示连年有余、喜上眉梢（谐音、寓意）

师：你们看看这些团花里出现了哪些图案，你们知道它们代表什么意思吗？

生：莲花 —— 鱼 —— 连年有余；喜鹊 —— 梅花 —— 喜上眉梢。

师：厉害！人们用中国传统的图案。带上中国特有的谐音、寓意手法，代表人们美好的愿望。

2. PPT 展示福禄寿喜和喜字团花（特殊场合的运用）

师：不同的团花还会用在不同的地方，比如福禄寿喜团花一般用在生日祝寿，这个喜字团花则用在结婚嫁娶。

【设计意图：欣赏团花图案，从图案内容上挖掘，让学生了解知道中国传统艺术中寓意、谐音的表现手法，同时了解中国传统图案在特殊场合的运用方式。】

（四）制作过程探究

师：团花这么有意思，大家想不想自己做个漂亮的团花呢？（引出下一个环节）工具介绍。

师：同样老师的百宝箱里也准备了今天所需的工具呢。大家看看是什么呢？（介绍用具）剪刀、铅笔、彩色纸。

师：有了这些工具，我们该怎么操作呢？你们想知道怎么制作吗？

生：想。

团花制作方法探究。

1. 微课展示三折团花制作方法

师：老师为了方便大家观察，制作了一个微课视频，请同学仔细观看团花的制作方式，在观看的时候，有几个问题要注意思考哟！（在观看前提出问题，

让孩子们带着问题观看）

（1）老师用了几个步骤制作？

（2）猜一猜，老师剪的是几折团花？（三折）

（3）老师用什么图案装扮的？（三角形图案）

播放微课：三折团花制作方法，主要以三角形的图案装饰。

播完完毕，用 PPT 展示作品 —— 三折团花，方便孩子们观察。

2. 汇报总结团花制作的步骤（折、画、剪）

师：同学们刚才发现了吗？能总结一下老师用了哪几步吗？

生：老师用了折、画、剪三个步骤。

老师总结板书：折、画、剪。

【设计意图：引导学生自主观察总结团花的制作方法，掌握制作的步骤。】

3. 探讨不同折法

（1）三折团花入手，探究团花的不同名称，引出团花不同的折法。

师：有没有同学能猜一猜老师制作的是几折团花？

生 1：四折。

生 2：三折……

孩子们自由回答。

师：请回答三折的同学说一说为什么你觉得是三折？

生：我发现老师这个团花有三个花瓣。

师：你观察得真仔细！我们可以观察到，这个团花的图案也是重复地出现了几次？

生：三次。

师：所以这个是几折团花？

生：三折。

师：同学们真棒！其实除了三折团花还有四折、五折、六折等折法。

老师现在就给大家展示一下。

（2）微课展示四折、五折、六折的折法。（学习四折、五折、六折团花的折法）

（3）师生共同探究不同的折法的团花它们的外形变化。

活动设计：

准备已经折叠好的四折、五折、六折没有修剪过的团花。老师示范剪出其中一个，请两位同学用老师的方法来修剪另外两个。

师： 有这么多的折法，它们剪出来的团花会有什么变化呢？大家想知道吗？

生： 想。

师： 我们一起来试试吧！

师： 老师这里有三个已经折叠好的纸张，我请两位同学和我一起用相同的弧线来修剪一下它们的外形，看看会有什么变化。

老师示范用圆弧形修剪其中一个，请另外两位同学用相同的形状修剪外形，并打开展示粘贴在黑板上。

师： 请同学们看看，你发现了什么？

生： 它们花瓣的数量不一样。不同的折法，团花外形不一样。折数越多，花瓣数量越多。花瓣上的花纹图案重复的次数也就越多。

师： 不同的折法，图案重复的次数也是不同的。同学们观察很仔细，总结得也很准确！

【设计意图：以师生互动的形式，设疑—现场示范—解疑的环节，激发孩子们的好奇心，让孩子们带着好奇心参与活动，直观又简单的一个环节，解决团花不同折数产生的不同效果，激发孩子们勇于探索其他团花折法的好奇心。】

（4）观察发现用不同的形状修改外形，团花的造型也会有不同的变化效果。

师： 除了用弧线修剪的外形，我们还可以用其他形状来修剪它的外形呢。PPT展示。

【设计意图：为了避免孩子们在以后的修剪外形过程中，单一地用弧线去修剪，启发学生用其他线条去创作，培养学生的创造力。】

（5）强调折叠的时候，要找到中心点。

师： 在刚才的折法中，老师都会有个小动作，大家发现了吗？（提出问题，让孩子们回忆刚才的过程）PPT 展示压中心点的动作。

师： 老师会有个对折、压一下再打开的动作。你们知道老师在做什么吗？

生： 找中心点。

师： 对了！同学们回答得真棒！因为团花是围绕中心点上下左右对称重复的，所以我们要找到它们的中心点。（回忆团花的特点）老师这样上下对折再左右对折，就能找到它们的中心点了。

师： 不管哪一种折法，我们都需要找到它们的中心点。其实除了老师展示的折法，还有很多不同的折叠方法，同学们在制作过程中可以尝试更多的折法。

【设计意图：通过这个环节，可以解决两个问题，第一，让孩子们掌握找中心点的方法。第二，找到中心点，启发可以自己探索更多的折叠方法。鼓励孩子们自己探索新的折叠方法。】

三、图案探究（月牙纹、飞燕纹、锯齿纹、水滴纹等）

PPT 展示三折团花。

师： 在刚才制作的三折的团花中，同学观察到老师用什么图案装扮的吗？

生： 老师用的是三角形图案装饰的。

师： 表扬细心的你们！在这个团花中，老师只用大大小小的三角形就能组成这么漂亮的团花，我们可不可以把三角形改成其他图形呢？或者是其他图案的组合呢？

【设计意图：用三角形图案制作的团花非常美。不同大小的三角形在团花中合理布局，通过折叠展开的效果，让学生了解到简单的元素在团花作品中也能得到美观的作品，让孩子们感受到剪纸艺术的魅力，同时也启发孩子们用各种图形去尝试创作有趣的团花作品。】

学习团花中的传统纹样。展示实物大的团花作品。

师： 我们请同学们来找一找团花中还有哪些图案呢？

展示活动： 请同学上台，将老师团花作品中的图案一一拿下来，并粘贴到黑板上。
发现长得像月牙的月牙纹、像柳树叶子一样的柳叶纹、像水滴形状的水滴纹等。

师： 同学们真细心，能找到这么多的纹样。这些花纹都是中国剪纸中出现的传统纹样。

展示PPT传统团花剪纸作品，给孩子们欣赏传统纹样剪纸。

师： 这些漂亮的纹样在团花中，穿插组合，就组成了漂亮的团花作品。在传统的团花剪纸中，我们经常会看到他们的身影。

【设计意图：让学生初步了解传统剪纸纹样，感受传统纹样的美，同时感受团花纹样组合、穿插的特点。】

欣赏其他创意纹样，人物、动物、昆虫等。拓展孩子们创作思维。

PPT展示其他有别于传统纹样的团花作品，植物图案、动物图案、昆虫图案。

师： 除了传统纹样，我们还可以用自己喜欢的植物图案、动物图案、昆虫图案，来制作团花呢！

【设计意图：欣赏感受有别于传统纹样的创意团花作品，鼓励学生选择自己喜欢的纹样去装饰团花，避免孩子们刻意地模仿，打破传统纹样的框架，拓展学生的思维，激发孩子们创作的兴趣。】

四、探索剪纸中需要注意的问题

师： 有的同学已经跃跃欲试了，但是老师还是要提醒同学们，你们在制作过程中，有可能会出现这样的问题呢！

PPT展示失败作品：中心点被剪掉了、图案太过于小、镂空部分太多的作品。

师： 请同学们说一说它们出现了什么问题呢？

生1： 中心点剪掉了。

生2： 图案剪得太少了；花纹太少；图案太靠边了。

生3： 图案剪得太多了；镂空得太多了；快剪没了。

师： 所以我们在制作过程中要注意：

总结： ①剪纸过程中要注意围绕保护中心点；②剪的图案注意要合理穿插组合，

镂空部分不能太多，也不能太少。

【设计意图：引导学生质疑，学会自主解决问题。】

团花灯笼的制作方法：

师：相信通过今天的学习大家都想尝试自己剪一剪团花的制作，这么漂亮的团花，我们可以用来做什么呢？（提出疑问，让学生思考团花作品的作用）

师：看看老师做成了什么？展示团花灯笼实物。大家想不想看看老师是怎么样制作的呢？（老师展示微课：团花灯笼制作方法）

师：原来团花，还可以做出这么有意思的作品来。相信同学们还有很多让团花立起来的方法。

老师展示团花花瓶。

师：这个是团花立体作品，老师也给大家介绍另外一种操作简单又美观的作品。

现场示范展示线描花瓶（没有贴团花作品）。

师：我们可以将漂亮的团花作品，粘贴在这个漂亮的花瓶中呢。（现场粘贴展示）看看是不是也很漂亮呢？

【设计意图：粘贴、组合的方法创作平面的团花装饰画，让漂亮的团花立刻变得更具有装饰性了。启发孩子们尝试多种形式的创作方法。】

欣赏学生作品，拓展创作思维。

师：其实除了老师给大家展示的这几种形式，我们还可以用团花来做什么呢？

PPT展示：学生的团花作品。

师：看来团花真的可以把我们的生活装扮得很漂亮呢。你们想用团花制作什么样的作品呢？

学生讨论，汇报。

生1：我可以用团花剪一个团花作品。

生2：我可以用团花装饰一个笔筒。

生3：我可以用团花制作个团花花园。

【设计意图：制作团花作品是最基本的一个创作要求，这个环节重在启发学生用团花制作装饰性的作品，平面作品如团花粘贴画、花瓶、花卉等，团花立体作品如笔筒、灯罩、灯笼等。让学生学会运用团花装饰物品来美化我们的生活。】

师： 同学们真棒！通过这次的学习都有了创作的冲动了。我们今天学习了团花的制作方法，又观看了怎么样制作一个立体的团花灯笼，我们还可以简单地做一个平面的团花装饰画，我们来看看今天的创作任务吧！

创作任务： 合理地利用自己手里的材料，大胆地尝试平面或是立体的团花作品。

尝试制作团花作品。（剪团花）

尝试制作团花灯笼。（团花立体作品）

用自己制作的团花作品做一张装饰画。（团花平面作品）

要求： 团花的花纹搭配美观，可以利用中国传统的花纹装饰团花，可以利用自创造花纹来装饰团花。

师： 老师在这里也为大家找到了一些漂亮的团花作品，会在大屏幕中滚动为大家展示，你们可以从中找一找自己创作的灵感。接下来就请同学们动动自己的手，动动自己的脑，我们开始制作吧！

五、展示点评作品

同学们将自己的作品，粘贴、悬挂在老师准备的展示区域。

活动结束：

请学生选出你喜欢的作品，说一说你为什么选择这幅作品。

师： 同学们你们制作完成了吗？我们看看这些同学的作品。请选出你喜欢的作品？思考为什么喜欢这幅作品？我们可以从图案、造型等方面去欣赏。

生： 剪纸作品（图案穿插合理 外形美观 有创意）；立体作品（巧妙 色彩搭配）；团花装饰作品（色彩搭配 图案美观）。

师： 我看到这幅作品非常的特别。我想请问这位同学是怎么样制作的。给大家介绍一下你的创作方法好吗？

生： ……

六、拓展结束

通过这次的学习我们了解了中国传统剪纸艺术，希望同学们能更多地去了解我国像剪纸这样的传统艺术，爱上传统艺术！也希望同学们能大胆地动手，用自己的双手去创意装扮我们的生活！

（案例提供：杨波）

该课以"学生与生活"为切入点，重点是以团花剪纸为学习内容，让学生探究团花的对称折叠、镂空连接等，学习简单的剪纸艺术，体验民间团花剪纸的审美情趣。教学中侧重启发学生找出团花剪纸图案的中心点，学会进行折叠、剪切、镂空制作团花作品，同时体验团花剪纸的装饰运用，解决教学难点。三年级孩子动手能力有所增强，对剪刀的使用也越来越熟悉，对剪纸作品细节刻画掌握能力也有所提升。剪纸主题的课题在以前都有学习和尝试，所以对本课的内容并不陌生。

此课程以探索、尝试、欣赏为主，教学从易到难，从最简单的团花不同的折叠方式，到团花装饰的运用。最后作品呈现方式上设置三个层次的创作主题：第一，学会剪 —— 最简单的团花剪纸作品；第二，学会组合 —— 团花平面装饰作品；第三，学会立体制作 —— 团花立体的挂饰。同学们可以根据自己的能力和自我喜好进行创作。

教师基于传统的剪纸艺术，结合孩子们的年龄特点，设计了本课的教学流程。整体来说，现场教学已经达到了教师的教学设计思路。从剪纸的历史到最后剪纸团花的装饰，最终将落脚点落在团花的装饰运用上。学生能从本课的教学中了解到中国传统艺术的魅力，又能在此基础上创作符合孩子们年龄特征的作品。

几个亮点：

（1）三折团花的制作步骤的微课。

在录制团花制作微课的时候，教师考虑现在团花制作的方法大同小异，折、画、剪，三部曲一目了然。但是怎么样将本课所学的知识点结合得更好，让同学们不只是看步骤，学步骤，还能带着自己的思考去欣赏这个微课。教师结合团花的制作方法、纹样及折法的三个方面，设计了三折团花的示范微课，引导学生在观看过程中带着问题去欣赏，同时后面的几个教学环节都跟三折团花的微课有关系。探究团花的折法、探究团花的纹样，由三折团花衍生四折五折六折团花的折法，同时启发学生更大胆地去探索其他折法；由三折团花中的三角形纹样引出学生学习传统纹样，探索其他创意纹样。所以这个三折团花的制作是教师教学设计中最为满意的部分。

（2）团花作品三个层次示范展示的设计。

教师设计了三个层次的示范展示，首先是团花作品的制作，再是团花灯笼的设计，最后是团花平面作品的制作。三个层次从浅到深，让孩子们从团花制作，到最后的装饰运用，从平面到立体，让学生了解到团花的作用和团花的运用，提高了对团花的欣赏，还有对它的实用性学习了解。最后创作的任务也是让学生自由选择自己创作的方式，可以选择制作团花作品，也可以选择制作平面或是立体团花作品，不限制学生的个性化创作，培养学生善于思考，敢于创新的能力。

（3）师生共同探索团花的折法。

教师先用微课展示四折、五折、六折团花的折叠方法，提出疑问："不同的折叠方法对团花会有什么影响呢？"激发学生的好奇心，同时用师生共同参与的形式去揭开这个谜底。好奇心是学生探索世界的动力，而只用小剪刀去揭示谜底，就能快速知道结果，学生积极性都很高。这个环节师生互动性强，增加孩子与老师之间的关系，将老师融入孩子中间，拉近了师生之间的距离。改变以往传统的教学模式，同时也让孩子感受到探索的乐趣。

学生最后的作品呈现出非常多的亮点，有的学生利用团花装饰了自己的文具，有的学生制作了笔筒，很多作品不拘泥于老师的示范，而是在老师的基础上有拓展创作，这样就顺利达到了本课的教学目标。

【教学实录（案例）举隅评析】：《年画》

教学过程：

一、课前播放《喜洋洋》的音乐，创设气氛，引入新课（演示文稿）

幻灯播放一组图片及音乐，并提出问题。

师： 听到这段音乐，有什么感觉？是否就像回到了过年那天？喜欢过年吗？你们知道过年有些什么习俗呢？

生： 放鞭炮、穿新衣、放烟花、包饺子、贴对联、贴门神画等等。

师： 不同的民族有不同的习俗，唯独有一种习俗却是大江南北所共有的，那就是过年贴年画。你们家有贴年画的习俗吗？亲自张贴过年画吗？

（出示年画实物）

师： 这些画漂亮吗？给你什么感觉？

师： 这些就是年画。也就是过年时张贴的画，用以增添节日的气氛，又因为一年更换一次，故称为年画。年画是我国特有的传统民间艺术，大多数的年画艺人都是生活在乡镇的农民。今天这节课我们就一起走近年画，了解更多的年画知识吧！（课件播放课题：走近年画艺术）

【设计意图：营造学习氛围，初步欣赏年画和了解年画的意义。】

二、课堂发展

（一）年画的来历

视频： 年画是我国特有的传统民间艺术，在我国流传着许多有趣的民间传说：（点击课件）传说在很久很久以前，有两兄弟，哥哥叫神荼、弟弟叫郁垒。他们专门监督百鬼，发现有害的鬼就捆绑起来拿去喂老虎。于是黄帝就命人在大门上画神荼、郁垒的像用以防鬼。这个神话就是后来"门神"画，也即年画产生的缘由。

师： 到了唐代，相传唐太宗李世民时，宫中闹鬼，致使唐太宗夜不能寐，群臣提议让他手下的大将秦叔宝、尉迟恭每夜披甲持械守卫于宫门两旁，果然宫中平静了下来。久而久之，太宗念秦叔宝、尉迟恭二将日夜辛劳，两位大将太辛苦了，便令宫中画师绘制二位将军的威武形象，悬挂于宫门两旁。后来这种形式就流传到民间，并在民间广为流传。

师： 同学们知道的门神人物有哪些呢？

生： 关羽、张飞、赵云、马超等等。

师：不同时期、不同地域所创作的门神形象都不一样，下面我们一起去领略一下各个时期的门神画好吗？欣赏年画要随时用上这三件法宝。

（板书：色彩、造型、寓意）

（课件展示各种门神画）学生大胆评述不同时期、不同地域的门神画。

师：你觉得这些门神画有什么特点？（形象威武、造型夸张、色彩对比强烈等等）

师：你了解门神画里的人物吗？你在生活当中见到的年画又是怎样的？（学生说）

（二）年画的变化（学生活动：欣赏、评述）

师：年画也像我们的时装一样，随着时间的推移也悄悄地发生着变化，到底发生了怎样的变化？我们继续一起走近它揭开它神秘的面纱。（欣赏不同题材不同时期的年画作品）

师：年画作品都画了些什么？有什么寓意？（课件展示）

生：……（学生大胆用语言评述自己对年画的感受。学生展示各自收集的年画资料，介绍各自收集的年画作品。）

师：你知道国外有贴年画的习俗吗？年画多以什么为题材？（课件展示）

生：年画多以吉祥、喜庆、欢乐、美好等事物，或者是以典故、成语或历史故事、神话传说作为主题。表达人们对美好生活的向往，寄托自己的理想，画面散发出浓郁的乡土气息。随着历史的不断发展，年画的题材由门神画逐渐扩展到生活风俗、神话传说、历史故事等。

（三）年画与普通绘画有何区别？（课件展示几张普通作品和年画作品让学生仔细观察）

【设计意图：引导学生更深入地了解年画的发展历史、特征，及存在意义，并能自主学习探究知识。】

三、年画的运用（连线小游戏）

考考大家，你们觉得这些年画应该贴在哪？

四、小结

师：通过欣赏，同学们知道了年画有哪些特点？（课件展示）

（1）年画色彩夸张、红火热烈，大胆使用红黄蓝绿等颜色。

（2）年画造型夸张强烈，构图饱满、繁密。表达了劳动大众健康淳朴的情趣。

五、创作

想一想、画一画：

（教师示范，提示创作方法）

师：你准备选什么作为年画的内容？年画构图、色彩要注意什么？画中要添加
什么吉祥物？

学生讨论小结：

（1）在辅导中发现问题，及时提出修改意见和建议。

（2）对创作大胆的同学及时给予肯定、表扬。

（3）对于胆小不敢动笔的同学可给他年画作品临摹，并发现其闪光点及时鼓励
表扬。

（4）展示部分学生大胆创作的作品，鼓励其他同学大胆创作。

六、课堂小结、拓展

今天咱们只是一节年画欣赏课，通过初步接触年画，了解了年画的来历及年画
的色彩、造型、寓意，尝试运用了所学的知识创作简单的年画。关于年画的知识还
有很多，我们今后可以通过互联网、到图书馆查阅资料等方式了解更多的年画知识。

七、结束

（案例提供：罗秀兰）

在这个经济飞速增长的时代，人们变得越来越现实，岁月的流逝让我们渐渐忘
记传统民间文化这种东西。今天的孩子也因课业的负担而无暇顾及这美好而精彩的
文化形式，为了让孩子们主动地去找寻这些被人们所冷落的瑰宝，让他们体验搜寻
过程中的快乐，从而唤起对传统民间文化的关注和热爱。

年画是我国特有的绘画载体，伴随着我国农历春节喜庆祈年和驱凶辟邪的活动
而产生的。年画又以门画起源最早，门画旧称"门神"。年画是我国民间最流行的

美术形式之一，不同地域的年画色彩构成上具有明显的地域差异特征。相对于北方年画的风格，南方年画具有很大的差别，首先是构图比北方饱满，色彩也不像北方那样单一，呈现出多且杂的特点，特别喜欢运用紫红色来展现年的喜气，题材以地方生活和民间故事为主。例如桃花坞的木版年画，主要体现江南水乡的美术色彩运用特点。同为年画，不同的地区所展现出来的美术色彩是十分多样的，具有浓重的地域特征，换言之，民间美术色彩具有明显的地域性美学特征，这种特征能够更好地促进我国民间美术色彩的多样化发展。

《年画》是五年级第九册教材，这节课就是给学生创造一次近距离接触民间年画的机会，让学生近距离地观察、欣赏年画，了解年画的来历，独立思索品味民间年画独特的魅力。年画是中国民间最普及的艺术品之一，通过欣赏各种民间年画，分析年画的色彩和构图等艺术特点，让学生了解一些民间习俗，唤醒学生对民间艺术的审美意识，培养学生注意留心观察艺术与生活的联系，激发学生持续学习美术的兴趣。

小学四、五、六年级学生对于生活中的传统习俗已有一些初步的了解和认识，对于中国传统民间美术的意、形、色极为感兴趣，充满了好奇，但又存有许多疑惑，基于学生已掌握了基本的电脑操作技术，可以通过多渠道查阅相关资料学习等特点，教师确定教学目标：让学生初步了解年画的造型、色彩、构图等艺术特点；鼓励学生大胆用语言表达对年画的感受；让学生了解民间年画的寓意。学生通过回忆、询问长辈、翻阅书籍、上网查询、参观年画展览等方式了解什么是年画，了解年画的历史及发展。通过收集年画、年画故事以及年画的装饰物等，进一步加深对年画的认识，培养学生自主探究的能力。通过让学生动手涂绘年画，感受年画独特的美。体验美术活动的乐趣，培养学生的学习兴趣。培养学生热爱祖国民族传统绘画艺术，热爱生活的情感，激发学生的民族自豪感。围绕"从色彩、造型、寓意等方面欣赏年画"重点和"通过欣赏，能利用已有的知识进行绘画欣赏活动，能根据年画的特点描绘简单的年画作品"难点，提出几个核心问题：我国古代民间艺术为何有那么大的魅力？为什么民间年画能流传数千年？你认识年画吗？你们家有贴年画的习俗吗？亲自张贴过年画吗？年画的来历、变迁、它与普通绘画有什么不同？年画有哪些特点？外国有年画吗？你知道年画是怎样制作的吗？教师能从各种角度不断引导、激发学生的学习热情、知识记忆和创作灵感，教学过程中学生都是处于主动学习的状态。教师将复杂的知识结构设计成几个简单的活动环节，深入浅出地和学生一起挖掘知识的内涵，高效完成教学目标。

【教学实录（案例）举隅评析】：《美丽的荷塘》

教学过程：

一、导入

师："出淤泥而不染，濯清涟而不妖。"这是在赞美谁呢？

生：荷花。

（一）复习第一课时知识点

荷花组成部分：荷花、荷叶、荷梗。（板书）

墨分五色：焦、浓、重、淡、清。（板书）

墨分六彩：浓、淡、干、湿、黑、白。（板书）

师：非常棒！今天我们以五墨六彩的方式继续学画《美丽的荷塘》。

【设计理念：本环节复习第一课时的知识点，能够说出中国水墨画的特点。培养学生掌握知识的能力和艺术表达能力，从中积累经验，为后面的欣赏、分析画家作品、自主创作作充分铺垫。】

（二）出示课题《美丽的荷塘》

二、探究

（一）游戏中寻找"美"的规律

师：今天老师请同学们到老师的荷塘里玩个游戏吧！请问你看到了什么？

生：凌乱的荷塘。

师：谁能快速地把老师的荷塘布置得美一点？

【设计理念：鼓励学生主动质疑，引导学生讨论构图方式，敢于大胆表现自己的见解和观点，引发他们解决疑难问题的创造性。】

（二）初步认识国画的布局、经营

师： 两个小组的同学动作非常快。下面我来采访一下，你们小组为什么这样摆说说你们的理由？

生： ①近大远小，疏密结合，这里我们用到了遮挡；②这样荷梗弯弯的很自然，把蜻蜓放这儿很生动，老师还讲过中国画要留白。

师： 这三幅画都有不同程度的留白，给人以无限遐想的空间，达到了无画处有画的效果。在他们的帮助下，老师的荷塘美极了，原来这样布置荷塘才是最美丽的荷塘！

（三）初步设计荷塘布局

师： 请同学们迅速为你心中最美的荷塘画张草图，说说自己的设计意图。
学生设计草图。

师： 在大家的心中都有自己独特的审美角度！我们一起去学习画家是怎样创造荷塘的美！

【设计理念：本环节引导学生感受荷花优雅的风姿和艳丽的色彩，培养学生创想能力、对美的提炼组织能力、动手实践能力，初步尝试国画的基本构图、上色方法。】

三、归纳

师： 请同学们打开课本 26 页，自己阅读体会画家的笔墨情趣。

生： ……

师： 中国画线即是骨，无线即是没骨，齐白石用色直接完成形象就是没骨法。潘天寿用"勾线法"完成形象，叫"双勾法"。

生： 我感觉画里的东西很少，为什么不把荷花画得多一点呢？

师： 中国写意画简练、概括、以少取胜，用最少的笔墨表达最丰富的内容。画家画的不是眼中的荷花，是借眼中的荷花画心中的荷花。写意画妙就妙在似与不似之间，通过画荷花抒发对美的追求和对生活的热爱。

【设计理念：本环节通过"读"画家作品，引导学生探究学习、体会画家崇尚自然、热爱自然和追求真、善、美的思想感情。感受画家"借物抒情"的意境和中国写意画的魅力，理解荷花"出淤泥而不染"的情操，激起学生对中国画笔墨情趣的兴趣。】

四、示范

师： 请同学们观察《荷》视频，是分几步完成，并记住作画步骤和用笔用墨方法……

生： 七步、用到了中锋、侧锋、点、染、擦……

师： 请拿起毛笔，跟老师一起做动作，中锋行笔，笔尖保持在运行方向，落笔要果断、有力。反之侧锋行笔大胆洒脱，自然会产生浓淡干湿的变化。这就是中锋和侧锋可以达到的效果！

【设计理念：本环节让学生通过"微课"学习中国水墨画的基础技法、独特的用笔、用墨方法，使学生了解传统绘画并体验中国画笔墨产生的奇妙变化，为接下来的临摹或创作奠定基础。】

五、创作

师： 了解了中国写意画的用笔用墨方法，临摹画家作品，或是参考你刚才的草图画"美丽的荷塘"，开始……

学生创作，教师巡回辅导。

师： 齐白石大师说"学我者生，似我者死！"我们学的是画家的笔墨精神，不能完全照抄别人的作品。

【设计理念：本环节引导学生进行实践，大胆创作，领会水墨带来的美妙变化，激发学生主动创造表现。】

六、展示

师： 亲爱的同学们，各位小画家们，我们的写意荷花大展马上就要开始了！请及时把你们的作品送到展区，展位有限、机会难得！张贴自己的作品。自评或互评作品。

教师点评并总结。

【设计理念：通过自评、互评提高审美能力和语言表达能力，借鉴学习他人经验，达到提高自主学习、总结的能力。了解中国传统绘画的历史和独特的艺术魅力，并激发学生的民族自豪感和学习中国画的兴趣，培养传承与创新的精神。】

七、拓展

复习回顾本课学习的知识点。

师： 中国画是中华民族传统绘画，中华民族智慧的结晶，我们要继承并发扬光大。未来我们可以用中国画独特的笔墨描绘我们多姿多彩的生活。

（案例提供：赵云卿）

中国绘画分三种不同的表现形式：工笔画和写意画两科，也有兼工带写。工笔画用笔工整细致，敷色层层渲染，细节明彻入微，要用极细腻的笔触，描绘物象。写意画用简练、豪放、洒落的笔墨，描绘物象的形神，抒发作者的感情。

写意画在表现对象上是运用概括、夸张的手法，丰富的联想，用笔虽简，但意境深远，具有一定的表现力。它要有高度概括能力，落笔要准确，运笔熟练，意到笔随。国画不强调明暗，只表现物体本身的凹凸转折起伏等。国画只表现固有色，抛弃光、环境对物体的影响。国画用散点构图和意向空间。材质和肌理在绘画中，是通过笔触来表现的。

该节课教学内容取材于岭南版小学美术四年级上册第四单元第12课《美丽的荷塘》，属于"造型表现"学习领域，第二课时。本课是以写意荷花为学习内容的临摹绘画课，目的是让学生在探讨画家的用笔、用墨、用色的过程中，感受作品的笔墨情趣，体会大师如何以荷花抒发自己对生活的热爱之情，提高审美情趣。这节课主要引导学生感受荷花的造型美感和象征意义，领会画家通过表现和描绘荷花所表达的思想意境，初步掌握荷花荷叶的造型手法。

围绕"学习画家写意画的用笔、用墨，表现荷花魅力"重点和"能临摹画家写意画的用笔、用墨、创意表现记忆中的荷花"难点，把握"欣赏荷塘、荷花，激发记忆，临摹中求变化"的兴趣点。启发学生自主探究"大师是如何以浓艳的色彩表现荷花，使画面形成强烈的对比效果，又是如何以浓、淡、干、湿的黑色表现大小不同、形态各异的荷叶"的，从而让学生建构自己的知识体系。教材选用了三幅名家作品，作品以荷花为题材，寄寓"出淤泥而不染"的高贵品格。教师通过游戏导入、大胆创作和多元评价，营造了"自主""探究""人文""创新"的课堂氛围，培养学生感受美、欣赏美、创造美的能力。意在让学生从大师作品中看到用笔、用墨、用色不同表现手法所达到的不同艺术风格中，学习大师如何以浓、淡、干、湿的黑色表现形态各异的荷花，让学生充分感受单一黑色变化有时胜于丰富的色彩表现。教师的教学目标是引导学生体会画家借物抒情的表达方式，学习写意画的用笔、用墨，并进行临摹再创意。在观察与记忆中，激发学生表现荷花的兴趣，在观察与比较中，体会画家借物抒情的意境，在临摹与变化中，体验写意画的笔墨魅力，让学生喜爱上写意画的艺术形式，学习大师"借物抒情"表现荷花。

兴趣是最好的老师。所以课堂上教师努力营造学习气氛，为学生创造一个轻松愉悦的学习环境和气氛，使学生感受到学习是一种享受，一种愉悦，从而达到事半功倍的效果。有以下几个亮点：

（1）趣味导入。

游戏导入，通过拼一拼，说一说，读一读，比一比等方式在游戏中欣赏、体会、感悟、探索、讲解、大胆实践等方法，引导学生学会欣赏、对比、读文、读图，进而临摹或创作。教师以游戏导入，能增加水墨课堂的趣味性，从而让孩子们轻松愉快地接受、学习传统绘画。这就是我所说的"玩转"。

（2）启示探究。

引导学生学会读画，掌握初步的读画技巧，同时也培养学生良好的阅读习惯，提升国画艺术理论水平。让学生在读的过程中自主品味画家作品，从被动学习到主动探究。引导学生学会观察，记住自己喜欢的荷花的形态、色彩，通过欣赏发现美、接受美、创造美，真正达到主动学习的效果。运用对比的方法，让学生找出笔墨的变化，通过欣赏从而启发创作灵感。比如，齐白石作品《荷花》娴熟的写意技法，大笔挥洒，把画面点缀得生动形象，学生不由自主地拿起手中的毛笔做挥洒的动作。

特别是潘天寿大笔泼墨把荷叶的神韵表现得淋漓尽致，以几笔活泼的红色表现荷花的娇嫩清新，构图的奇特，哪怕水面不画一点线条、墨色，也让学生感到了水的存在。这些画家的作品鲜明、独特的艺术风格，让学生的心灵产生共鸣！

（3）突破难点。

中国画在小学课程中是最薄弱教学环节，课时较少，教材中安排的中国画内容只有几节课，不能保证让学生真正了解、掌握好水墨画的特性和技法，所以教师示范引导在课堂教学中起着决定性的作用，引导学生更直观地完成从无到有的学习，既要继承传统又要发展创新。比如在解决本课重点的环节，中锋和侧锋的教学环节是教师现场示范，学生跟老师一起做基本技法的动作。这样一来帮助学生加深印象，通过讲解中国画的最基本的蘸墨、运笔和行笔技法，示范过程步骤和方法清晰明了，并达到了有效的教学效果。结合讲解和演示探究画荷花的表现技法，引导学生了解笔墨特点，体会水墨的韵味之美。齐白石大师说"学我者生，似我者死！"不能完全照抄画家作品，学的是画家的笔墨精神，理解中国写意画的魅力，不在乎于外形像否，妙在像与不像之间，鼓励学生大胆地创作，感受中国画传统艺术的强大魅力！

（4）激励评价。

"评价环节"是教师最精彩之笔，及时有效的课堂评价为一堂课画上圆满的句号。从学生的创作来看，虽然个别学生作品并未完成，但学生自信满满地表达出自己内心的感受，而且还有一部分学生大胆学习画家尽情泼墨的洒脱。学生情趣盎然地从水墨中得到了美的熏陶，提高了自身的艺术修养，激发他们对中国传统绘画艺术形式的热爱。教师用最简单的语言和方法把知识趣味性地传授给学生，学生学习效率提高了，而且愉悦了心情。教师尊重个体差异、面向全体同学，以鼓励方式，肯定学生的优点，循序渐进展开教学，营造了一种宽松的学习氛围，让学生大胆自由表达个性和创意，增强学生自信，培养健康人格，使他们个性审美和创新能力得以提高和发展，丰富其视觉、触觉和审美经验，获得对美术学习的持久兴趣，形成基本的美术核心素养。

课堂上教师通过微课、影视动画和示范相结合的多种教学方式进行授课，有趣的故事情节和唯美的水墨画感染到学生的心灵。教学重难点比较复杂，教师短短的几分钟现场示范，使课堂更加精练、精彩。特别是解决"中锋和侧锋"的用笔方法时，强调中锋行笔要果断、有力，一支笔、一张纸、一滴墨和一杯水瞬间表现出浓、淡、干、湿的黑白神韵，貌似有难度的技法却能迎刃而解。激发学生"我要画"的欲望，保持他们在绘画中的天真、质朴的艺术情感，把握时机恰当，课件制作精美，资料准备丰富，既开阔了学生视野，又节省了大量的时间，增大了课堂容量，让学生在短短40分钟里享受了一顿"水墨艺术盛宴"。

整个教学过程从传统文化知识渗透、游戏导入、欣赏大师作品到微课、示范、创作、作品展示及评价互动，课堂教学化繁为简，以点带面，学生畅所欲言尽情发挥。教学环节紧凑、教学思路清晰、难易程度适合学生年龄，达到了预期的教学目标。学生思维活跃，课堂气氛轻松愉快，最后的成果展示更是出乎意料，谁也想不到这些国画作品出自只学三个课时的学生之手。教师在教学中克服了过去那种"满堂灌"的教法，体现了教师为主导、学生为主体的精神。

【教学实录（案例）举隅评析】：《印染"花布"》

教学过程：

一、创设情境，导入新课

教师出示染好的衣服让学生观赏，让学生谈谈自己的感受。

师： 同学们，王老师昨天发现自己有一件衣服又旧又脏，因为非常喜欢，不舍得扔，于是我想了个办法把这衣服改造了一下。大家看看，这就是王老师改造出来的这件衣服，你们觉得好看吗？哪里好看？

【设计理念：通过现实生活中情景的再现，让学生感受到艺术源于生活，与生活息息相关。】

生： 花纹好看，颜色好看。

师： 谁能猜到老师是用什么方法做出来的吗？

生： 用染的方法。

师： 你真聪明，王老师用的就是一种常见的印染的方法。图中这幅花布出土于1000多年前的唐代，在这幅花布中运用了多种的印染技艺，时至今日，这些印染工艺一代一代流传了下来，那今天，王老师就和大家一起学习第 17 课《印染"花布"》。

【设计理念：用历史遗物引导入新课，让学生体会到印染的源远流长、博大精深。】

二、欣赏与评述

师：王老师这有一些平时出去各地旅游带回来的花布，现在请每个小组观察一下，最后，给这些花布排到适合它的花布种类里面。（1 分钟后）

师：同学们，你都认识了吗？王老师现在就来考考大家。请大家以小组为单位进行观察、讨论，看看它们属于哪一种花布种类，这里老师还有一个小小的要求，如果你们拿到的是服饰请穿戴在身上，如果是装饰品请高高举起来展示。

师：已经找好的组请举手，并说说你们是怎么找出来的。（请找出的小组派代表向大家展示，并说说你们是怎么辨认出来的）

师：有同学在说了，老师，珠海这里的彩印花布好少啊，是的，其实彩印花布在我们生活中是最常见的，无论是漂亮的包包、手套、书皮，我们都能看到彩印花布的影子，它们身上点线面，是多种印染技法相结合。同学们，看了这么多漂亮的花布，大家想不想自己动手染一染？

生：想。

师：老师先不教大家任何方法，请同学们发挥自己的想象力和创造力，尝试第一次印染。请小组长为大家打开 2 号袋。

先让学生自己尝试第一次做，老师不教任何方法。

（二三分钟后，把一些学生的作品贴在黑板上，问 2 位学生，你是怎么做的？你觉得哪里有不足的地方？这种方法叫浸染，但一种颜色太单调。）

【设计理念：初次的尝试，让学生先感受制作工程的艰辛，自己发现实践过程中的困难及疑惑，从而激发学生的学习兴趣，为推动学生的自我探究埋下伏笔。】

三、示范与讲解（8分钟后）

师： 老师认为有一点小问题出现了。请问这是哪位同学的作品？你是怎么思考和制作的？怎么折？怎么染？在创作过程中你感到困惑的地方是什么？为什么会这样？

生1： 先把纸张对角折三次，再用毛笔蘸色染色。觉得有个地方没染好，就是因为色料染得不够透，底下几层没有染到色，花纹出来不是很好看……

生2： 我折纸的方法不行，花纹都出不来……

师： 老师看了黑板上同学们的作品以及大家的作品，老师也忍不住想来染一染了，请同学们看看老师的制作方法和大家的制作方法有什么不一样。我们看了很多的彩印花布，发现它们的花纹都是不同的，其实，这是因为折布的方法和染布的方法不同而产生的。折布方面，我们可以先将布对折，再对折，同学们看看折出来了一个什么字？十字，我们把这种方法叫作十字折，还可以将布的对角线先对折，再对折，还可以再对折，同学们看看这是一个什么字？米字，我们把这种方法叫作米字折，还可以像梯子一样地折叠，我们管这种方法叫作平行折。

师： 老师现在以十字折来进行印染。为了使我的画面有大块的颜色，我把一个角放入颜料中，这种方法叫作浸染。

师： 现在我的颜色有点单调，我要用上一些其他颜色进行装饰，老师用笔在上面进行点，这种方法叫作点染，老师用笔点的时候停留了一下，这是要使颜料留在布上，现在我们要检查反面，没有染透，就需要我们用上更多的颜料，或者翻过来染。

【设计理念：在示范过程中，老师不是一味地自己讲自己的，而是抛出问题，让学生来找出问题、分析问题、解决问题。】

师： 现在我们打开来看看，一幅漂亮的彩印图案就完成了。谁能告诉老师，刚刚大块的颜色，老师是用什么方法完成的？小块的颜色又是怎样完成的呢？

师： 现在请同学们再复习一次制作方法。我们的折法有哪几种？

生： 十字折、米字折、平行折。

师： 染法呢？

生： 浸染、点染。

师： 老师已经做了一遍，想问问同学们，如果让你再做一遍，你会有什么与众不同的想法？请两名同学上来。

四、合作与创作（学生尝试练习第二次染色）

8分钟制作（播放音乐，学生尝试练习，教师巡回指导）。

五、欣赏与评价（总结——用灵巧的双手装扮我们的生活）

师： 同学们，这里有大家第一次和第二次制作的作品，大家觉得哪一次的更漂亮？为什么？

师： 这是哪位同学的作品，来说说自己的作品。如果让你把这块花布用作装饰，你会装饰什么？老师可以帮你实现愿望装饰一件衣服好不好？老师来帮你变身，大家看看，一件漂亮的衣服就装饰好了。

师： 老师想问一名同学，这里还有哪些作品是你喜欢的？哪里漂亮？颜色、花纹……那这块花布，老师帮你变身成一件衣服（裤子、包包、雨伞）。

师： 王老师想告诉你们，从你们的作业来看，同学们都已经初步掌握了彩色印染的制作方法，老师请你们一定要记住，美就在我们的手中，老师希望你们长大后能将我们的印染技艺发扬光大，并努力地去创新，用丰富的想象和灵巧的双手，把我们的生活装扮得更加多姿多彩，好不好？

（案例提供：王敏）

此课是设计应用领域教学内容，旨在引导学生感受民间工艺美术的魅力，初步体验其工艺过程和技艺特色。让学生感受我国传统的民间印染工艺的魅力和印染产生的奇妙的肌理效果，感受朴实、充满乡土气息的对称式花纹图案，激发学生传承民族传统文化的情感，提高审美意识。通过设计、创作印染"花布"，进一步加深学生对印染"花布"的认识和了解，使学生学会利用身边最简易的材料熟练地掌握点染、浸染"花布"的印染方法。将丰富而专业性强的印染艺术融进了课堂教学之中，使其更能让小学生接受消化。老师确定教学目标：了解染纸设计制作过程及印染艺术与生活应用的关系，感知我国民间传统的手工印染工艺，探究"辐射、平行、十字折染"的技巧，学习折叠、印染方法，尝试不同的折法、染法，欣赏体验印染出来各种色彩对比的图案，感受其图案形态的千变万化，灵活运用折叠、印染的方法再创作，培养创造力，让学生产生传承与尝试设计的兴趣，并围绕"尝试染纸"设计制作过程的教学重点展开教学。

课前，老师深入了解我国传统的民间手工艺品种类，特别是印染的悠久历史。在唐代，各类印染的图案纹样神奇多变，简洁质朴，色泽鲜艳明快，具有令人惊叹的艺术感召力。她把染布这样新颖有趣、操作简单的艺术形式带到课堂上，充分满足孩子们的好奇心、求知欲，激发孩子们对美术的喜爱，这点老师已经成功做到。

在这节课的教学环节中，教师主要采用了讨论法、探索法、实验法这些教学方法，让学生深深地感受我国传统的民间印染工艺的魅力，感受印染产生的奇妙的肌理效果，感受朴实、充满民族气息的对称式花纹图案。激发学生传承民族传统文化的情感，提高审美意识。老师先让同学们自己摸索印染，随后设置一些问题来引导学生思考，在和学生探讨的过程中，老师简单介绍印染的工艺，同时还通过实物展示，使学生更直观地了解传统印染的特点。不仅在视觉上带给学生新鲜感，而且还让学生了解这节课的教学内容，充分调动了学生极大的学习兴趣同时感受民族艺术之美。提高对所学内容的关注程度，充分发挥美术教学特有的魅力。课上，孩子们看得多了，问得多了，就会了解与印染相关的许多知识。学生们主动去做，去感悟，去认真分析探究，使学习成为一件轻松又愉快的事情。在制作的过程中，鼓励学生大胆创新，发觉个性的作品，随机进行展示，使学生在互相启迪中有所创新。接着学生展示自己的作品，并说出自己的印染方法，老师鼓励学生在个性的基础上大胆地表现，对他人的作品发表自己与众不同的见解。老师以一种积极向上的态度非常肯定学生的想象力和创造力，同时提出传承民间传统美术的希望，让他们用学到的印染知识美化和装点我们的生活。通过设计、创作印染"花布"，进一步加深学生对印染"花布"的认识和了解，使学生学会熟练地掌握点染、浸染"花布"的印染方法，大胆、创新地进行创作，拓展了学生对此方法的应用能力。这节课收到很好的教学效果。

很多学生在课外还积极用其他材质的布料、各种颜料、各类折法和染法，进行进一步的印染尝试。师生是在一种宽松而不放松的教学环境下掌握了一定的印染技艺，用学生的话说就是"印染游戏好好玩！"这也是我在前言中所提到的"玩转"。

【教学实录（案例）举隅评析】：《毛线粘贴画 巧手扮生活》（校本课程）
教学过程：
师：今天老师为大家带来了一段音乐，上课前我们来听一下。（放音乐）如果同学们在课堂上听到这段音乐，就要马上放下手里的事情坐好，能做到吗？

一、导入

师：在前一阶段我们确立了活动主题——《毛线粘贴画 巧手扮生活》。（PPT出示主题，PPT播放活动录像或照片）我们通过欣赏其他同学的作品，总结出制作毛线粘贴画的两种主要方法，一种是"缠纸板粘贴型"；另一种是"直接粘贴型"。每个小组都确立了自己小组制作毛线粘贴画的小主题，画出了作品设计图，通过小组合作、亲自动手尝试制作了毛线粘贴画。那么我们的制作过程是一帆风顺的吗？（有的同学摇头了，是的，我们都遇到了一些困难。）

大家还记得你们在上一次的活动中出现了哪些问题吗？这些问题都解决了吗？你们是怎么解决的？（PPT：①制作方面；②合作方面）

请组长带领组员回忆一下，把你们在活动中出现的问题按照屏幕上的提示分类写在彩色纸上，已经解决的用对号标记出来，写完就坐好，看看哪组完成得最快！（时间到就放音乐）

【设计意图：帮助学生回忆已经学过的知识，同时总结出自己在操作过程中出现的问题和困难，为后面引导学生探究解决问题的方法做好准备。】

二、活动

（一）解决问题

师： 哪一个小组愿意把你们在活动中出现的问题与大家交流一下？

生： 问题或困难。（实物投影：小组出现的问题）

师： 我看到在你们这个问题旁边打了对号，说明你们解决了。跟我们说一说是怎么解决的？（问一个合作的、问一个制作的）

生： 解决。

师： 哦，你们是用了＿＿＿＿（这样）的方法解决的啊，你们是怎么找到这个方法的？你们真了不起！其他小组听了他们组的介绍，比较自己小组的问题清单，看看你们是不是也遇到了类似的问题？那你们又找到了什么方法解决问题呢？（其他小组说解决方法，问题解决得好奖励。）

师： 总结。我们班的同学真善于开动脑筋！想到了这么多解决问题的方法。看来同学们都学会了遇到问题找方法并解决问题，那么就算在以后的活动中出现问题，我想同学们一定也会找到方法去解决的，是不是啊？

生： 是！

【设计意图：引导学生自己探究解决问题的方法。】

（二）动手实践

1.布置活动要求

师： 接下来，我们就要继续完成我们的毛线粘贴画了。在活动之前，老师这里有四个注意事项，需要同学们认真倾听！（师：PPT出示活动提示）

（1）活动的时候请大家一定要注意安全；（解释：剪刀、刻刀的安全。）

（2）如果自己组遇到困难可以向其他组求救，也可以向老师们求救；（解释：小组间相互帮助，就像我们刚刚解决问题时一样，实在解决不了的可以向后面听课的老师们寻求帮助，不要不敢去，要相信"凡事成功都要自己先迈出第一步"。）

（3）在小组合作活动时做到人人参与，人人有工作。（有的同学不参与小组活动，每次都在一边看，我希望每个小组的组长都能起到小组的带头作用，把任务分给每一个组员，让每一个人都参与到你们小组的活动中去，能力强的同学就把有难度的任务分给他，能力弱的同学就分给他简单的任务，但是不要把任何一个组员剔除在外。）

（4）各小组选一名同学在活动结束后介绍小组的作品。（主要介绍一下你们组精彩的创意、作品的主题和意义，让大家能更好地理解你们小组的作品）

师： 我说的这几点，大家都明白了么？

生： 明白了。

师： 那好！完成了作品就来粘贴在黑板上。接下来就请发挥你们的聪明才智，克服困难，用你们灵巧的双手完成你们小组的作品吧！

2. 开始活动（放活动音乐）

活动过程大概15分钟（生在黑板上粘上各组的组名）。

【设计意图：充分调动学生的自主探究学习积极性，通过同学之间的帮助或合作解决难题，完成作品。】

三、展示

师： （放音乐）（动作快的小组奖励）

师： 好，让我们来看看各小组的活动结果吧！

师： 让我们来欣赏一下。哎呀，大家做的真是各有特色。谁为大家介绍一下你们组的毛线粘贴画呢？比如说你们创作的主题啊，意义啊。能让我们一下子喜欢上你们的作品。好，哪组来说？如果有没做完的小组，也可以说，虽然你们组没做完，但是你们组的小明很好，希望你们下堂课可以完成。加油！

师： 你们真会观察生活，是从生活中得到的灵感，做出了这次的作品，真棒！

四、结尾

（一）谈感受

师：大家说得都很好，在这次活动中我们共同经历了从遇到困难到解决困难的过程，一路走到现在，面对着我们取得的成绩，你们有什么想说的吗？

生谈感受。

（二）延伸

师：是啊。就像大家说的那样，虽然是第一次做毛线粘贴画，但是我们通过合作共同完成了它，大家在活动中体现了小组合作精神，相互帮助、共同努力，你们是多么了不起啊！希望大家能够把这种精神一直延续下去。那么下堂课我们还会继续将我们的作品修改完善，并且为我们的作品举办一个小小的展销会，希望同学们能继续努力！

（案例提供：管艳欣）

毛线是人们生活中常见的生活用品，它可以编织毛衣、围巾等。在人们的生活中还有很多的应用，比如说可以制作成"毛线粘贴画""壁挂""立体毛线绣"等手工制品。本课采用"毛线粘贴画"为主要内容，培养学生动手动脑、节约环保、热爱生活、展开联想等能力。毛线及其他工具材料是学生比较方便找到的。四年级学生已经具备了一定的动手能力，对于毛线粘贴画这种动手能力极强的活动，已经能够通过欣赏及模仿，创作出具有一定水平的作品。同时五年级学生分析问题的能力也比四年级学生有了飞跃性的提高，学生能够在活动中运用观察、分析等手段发现问题，但对于解决问题的方法，还不能灵活地运用。他们更多是关注自己或自己小组的作品上，对于其他小组或他人的作品他们更习惯于纵向比较，而忽视了横向比较。因此教师在活动中指导学生运用横向比较、对比的手段，解决活动中遇到的问题，能做到这点非常好。老师设计活动对于横向比较的运用是多元化的，能有效解决同一主题下各小组出现的问题，使学生在活动中能够学会运用横向比较，并同纵向比较结合解决小组中出现的各种问题。教师营造了一个既能让学生在一个宽松的环境，又能让他们学得非常轻松而深刻的氛围。从而达到"学生能在亲身体验活动中遇到问题，学会用比较的方法解决问题。能在活动中运用互评和自评，并能正确对待自己及他人存在的问题，通过制作毛线粘贴画过程中，锻炼自己的动手能力及小组合作的能力"的教学目标。轻松解决"通过动手实践发现问题，通过比较分析问题，用比较的方法解决活动中出现的合作及制作方面的问题"的教学重难点。给学生机会，给学生搭建平台，他们会让你有意想不到的精彩表现！

【教学实录（案例）举隅评析】：《版画基础》（校本课程）

教学过程：

一、问题导入，引起思考

（课件：欣赏图片）

师：先欣赏一组图片，思考几个问题，这些画是通过什么手段做出来的，你对它了解多少，在日常生活中，你见没见过类似手法的画？

师：好了，先欣赏到这，这些画有认识的吗？

生：鲁迅……

师：那这些画是通过什么手法做的呢？

生：不知道。

师：同学们，我给点提示，有点像我们四大发明的印刷术。究竟是什么呢？下面进入这节课的学习——《版画基础》。（揭题，屏幕出示，教师板书《版画基础》，并带领学生明确本课的学习目标。）

二、交流知识，激发兴趣

师：同学们知道什么是版画吗？

生：听说过。

师：好，有同学听说过，但大部分同学不知道究竟什么是版画。那下面老师来给大家说一下，同学们也可以拿笔记一下。

师：老师再问问同学们知道不知道，版画最早出现在我国哪个朝代？看看有谁能回答出现存最早的版画是什么？

生：汉，唐，宋……

师：最早出现的是在我国的唐朝……（教师总结）

师：顺便介绍我们国家的四大木版年画，以后同学们去到这几个地方，可以去看看他们当地的年画。大家一起告诉我是哪几个地方。

生：朱仙镇、杨家埠、桃花坞、杨柳青。

师：接下来给版画分一下类。我们可以从哪些方面进行分类呢？

生：使用材料、颜色、制作方法、制作技法。

师：下面老师给大家结合图片讲一下不同版种的画以及它们的特点。

师：你们看这一组画，像不像日本的风景。

生：像！

师：那是中国的版画制作方法传到了日本，日本的画家改良了然后形成了我们常说的"浮世绘"。

师：不说日本那么远，我们珠海有没有版画艺术家呢？

生：有，古元。

师：对了，大家有没有去过古元美术馆呢，没去过的同学也没关系，老师来给大家讲一下古元的作品。

三、尝试探索，初步感受

展示版画的版和画。

师：大家想一下，版画是跟我们画水彩画素描一样直接在纸上画的吗？

生：不是。

师：有没有同学知道的，跟大家说一下。

生：版画是先把画刻在木板上，然后再印到纸上的。

师：说的基本没错，这是木刻版的制作方法。那版画有哪些特点呢？

生：间接性、复刻性和独立的审美价值。

师：版画是不是只有这种大开大合的概括的呢？可不可以做到很精致、很细腻呢？（展示概括的版画图片）

师：大家看看屏幕，可不可以做到呢？

生： 可以！

师： 有没有同学刻过印章？

生： 我做过。

师： 那刻印章是我们把字直接刻上去还是反过来刻上去呢？

生： 反过来刻上去。

师： 那么版画一样不一样？

生： 一样，也要反过来刻上去。

师： 老师在这里给同学们制作版画的三个方向：①临摹经典的版画作品；②利用剪纸的图案转化为版画；③用自己喜欢的素材进行创作。有需要经典版画和剪纸图案的可以一会儿来老师这儿领取。

学生领取作品素材。

师： 你们手上都有工具材料了，那么你们知道怎么刻了吗？怎么握刀？怎么下刀了吗？

生： 不知道。

师： 我们先来学习刀法，同学们可以做一下笔记，什么地方用什么刀法。

生： 好！

师： 这个房子的屋顶用的是什么刀？（展示图片）

生： 圆刀。

师： 这个电线杆呢？

生： 三角刀。

师： 下面老师来演示一下怎么握刀和下刀，同学们认真看，有不懂的举手提问。

师： 如果学会了，就可以开始动手刻制了。

四、学生制作，教师辅导学生先自己制作，教师巡回指导。

师： 同学们都制作得很认真，我已经发现了有的同学已经制作出来了。我们有请这位同学先给我们讲解一下她是用什么刀法的。

生： 我的大面积的地方是平刀清除掉，方硬的线条就用三角刀刻制。

师： 同学们仔细看看xx同学是怎样做的，你是不是也要思考什么地方用什么刀？

有问题可以小组内讨论，也可以问老师。（学生认真地观察，积极地讨论并提出疑问。）

教师的建议：①注意用刀的安全。②注意卫生，废弃的胶板屑不要乱扔。

教师在学生中间仔细观察，巧妙点拨，重点对有困难的学生进行个别辅导，发现有创意的作品随时表扬。

师：大部分同学已经刻制完了，那么请所有同学放下手中的刻刀，先一起来学习怎么印制版画。

师：版画印制有哪几个步骤啊？（展示图片）

生：打墨、对版、上色、印制。

师：下面老师来具体示范一遍，有不懂的同学举手，一会儿我请同学上来给大家也演示一遍。

师：现在印制的过程你们也学了，有没有信心成功印制出来？

生：有！

五、展示作品，师生点评

师：同学们，有谁愿意拿上自己的作品到台前来？请举手。

师：xx 同学，你先简单介绍自己的作品。

师：同学们，互相欣赏一下，看看你最喜欢谁的作品，说说为什么？同学们积极发表自己的看法。

六、课堂总结，拓展思维

师：同学们，这门课我们亲手制作了一幅版画，感受到了版画艺术独特的制作过程和审美。版画在我们国家有着悠久的历史，有着深厚的文化艺术底蕴，希望同学们课下多搜集、多欣赏各种各样的优秀版画作品，让我们创作出更多更好的作品来！

（案例提供：李海民）

儿童版画教育在世界各地早已得到各国儿童美术教育家的重视，很多国家都根据本国的实际，在中小学及幼儿园开设版画课。如苏联、保加利亚、美国、德国、英国、法国、加拿大等国家的儿童版画教育都很有特点。被誉为"版画之国"的日本，十分重视儿童版画教育，把儿童版画列为小学必修儿童版画课程，也是素质教育的重要手段之一，在内容和形式上丰富多彩。动脑、动手，开拓思维、培养创造能力，社会效益十分突出。我国20世纪80年代初成立了中国少年儿童版画学会，各地也相继成立了名目繁多的儿童版画活动组织。90年代开始实施的全日制中小学美术教学大纲中，增设了版画课。因此，儿童版画逐步在校园兴起，被人们熟悉起来。新《标准》体现的课程改革的本质是课程的综合化，综合实践课程的设置也是大势所趋。新《标准》还提出转变旧的学习方式，由过去的单一、被动和陈旧向多样化转变，其中自主探索、合作交流、操作实践是最主要的学习方式。儿童版画在创作过程中，除了学生的自主构思外，很重要的是画、刻、印这样的操作性极强且非常严谨的过程体验。学生学习方式的改革，是基础教学课程改革的重点，儿童版画教学由于自身所具有的优势，则理所当然地成为新《标准》的试验田，有非常广阔的前景。

《版画基础》不属于小学美术岭南版教材中的教学内容，但通过版画教学，能帮助学生了解版画这一独特的传统艺术形式以及我国传统版画的深刻意义。通过学习几种由简到繁的版画结构，并提供较广泛的发挥空间，培养学生的动手制作能力与自主探究的学习能力，他们喜欢动手制作，并且已经具备了一定的形象思维能力、造型能力、概括能力，对色彩有了更直观的感受，通过欣赏古今中外的著名版画作品，在老师的引导和帮助下能够制作出精美的版画。学生学习美术的兴趣不能局限在有限的教学时间上，而应延伸到生活中去，启发学生多观察、多思考，让学生始终对美术活动抱有持久的兴趣，这样有利于拓宽学生的艺术视野，提高学生的创新能力。

此课的设计充分地营造了教师引导、学生自主学习的氛围。通过欣赏、交流、尝试等活动，激发了学生的学习欲望，提高了学生的审美能力和手脑协调能力，让学生充分体验了版画制作的乐趣。在整个教学过程中，教师适时地穿插了传统文化的教育，在培养学生人格方面起到了积极的作用。

二 立体造型民间美术

【教学实录（案例）举隅评析】：《编织乐园》

教学过程：

一、引入

师： 同学们，老师今天给大家讲一个歇后语，大家猜猜后面接什么——竹篮打水。

生： 一场空。

师： 为什么会空呢？为什么打不起来水呢？那竹篮都有哪些使用功能呢？

生： 因为有漏洞。

师： 今天老师就带了一些编织工艺品，同学们可要睁大眼睛了！（出示中国结、编织竹篮等编织工艺品，吸引学生兴趣。）这些工艺品在我们生活中随处可见，它们都是通过哪些编织方法编织而成的呢？你们还见过怎样的编织制品，它们都有哪些特点呢？

> 【设计理念：教师通过生活中常见的编织品图片的欣赏，让学生产生编织的念头，激发学生对活动主题探究的兴趣，从互动中体验生活中的传统艺术美。】

（贴上板书：编织乐园）

二、新授

（一）编织方法讲解

师： 同学们，老师这里为每位同学准备了一个简单的小编织品，请你们拿到后首先观察它们是怎样编织在一起的，有什么规律？

生： 它们是一条横一条竖地紧密编织在一起，有规律延续的。

师： 这位同学观察得非常仔细，那当你们看好了，观察到了它们的规律后，接下来，请同学们把这件小编织品拆开，变成一条条的纸条。

师：同学们很快就把它们拆下来了，那现在你们回忆一下刚刚观察的结果，尝试再把它们编回去，看看在这个过程中你们遇到了什么困难，有没有什么困惑，能想到解决的办法吗？从中你们得到了什么经验？请大家在小组内讨论一下看看有什么发现？还能提出什么问题？

生1：编的太松散，就不容易拿起来。

生2：一定要一条压一条，不能两条相邻的压在同一条线上。

师：同学们分析得非常仔细，这些好经验会给我们今天的学习带来很大的帮助哟！王老师现在就来按照大家的经验，和同学们一起来做一做。

师：我们在学习之前，首先要了解编织的基本方法 —— 学习挑压法。掌握了这种方法，就能编织出漂亮的工艺作品。介绍编织的方法、示范经纬编织法。

切换到投影仪：示范经纬编织法。

学习指导：先将6根纸条平直放在桌上，取纸条①（如图所示），放在6根纸条的一端，将这6根纸条从第一根开始隔一根取一根压紧纸条①。再取纸条②，紧靠纸条①（如图所示），和原来的6根纸条编在一起。这样，6根纸条中压在①的下边的，正好把纸条②压在下边了。编织纸条①的方法叫挑一压一，编织纸条②的方法叫压一挑一。由于挑压根数和方法的差异，形成多种平编法，包括压一挑一、压一挑二、压二挑二等多种组合。

（教师在投影上示范，在过程中出现两个错误，一是没有经纬一条一条规律编在一起，而是拿的时候故意掉下来，让学生看到没有压紧，就会出现竹篮打水一场空的情况。课件总结展示：教师讲解的挑压法的步骤。）

课堂小结：同学们挑压法是两根纸条上下交替的挑压，形成漂亮的图案。今天，我们尝试利用挑压法进行编织。

（二）纸篮编织技法示范（与学生试做结合），方法延伸

除了这种最简单最基础的编织方法，我们在微课上来学习纸篮的编织方法：在微课中，把一些局部的处理也讲透。

师：这些作品是如何恰当运用经纬编织法的？（粗糙肌理、图案装饰）；图案

有什么不同?（横竖交叉、斜线交叉）。它们在颜色搭配上有什么技巧?（颜色鲜艳、渐变色、同类色、对比色、冷暖色）延伸处理。你碰到了什么困难?（示范边角处理）剪外形的时候有什么技巧? 如何用小刀刻直线? 双面胶应该粘在哪里?

作业布置：学生两人小组尝试编织小篮子。

师：理论是通过实践验证的，现在就用我们的小手一起编织出漂亮的工艺品吧。

小组内互相帮助一起编织出漂亮的纸编工艺品，每组所编织的篮子样式不一样，作品出示的是多样的小篮子。

教师在学生动手制作作品时进行指导，对学生制作时遇到的困难给予帮助。学生遇到不会的或者不明白的地方，可以问老师，问同学，查资料。（课件出示：温馨小提示。）

【设计理念：本环节的设计考虑编织方案的可行性，并让学生自主探究，合作学习，学生在合作交流中能力得到提升，为下一步活动的有效开展创设条件。】

课后评价：小组互评作品，交流不同的穿编法，并总结。

师：现在我们就来欣赏这一件件作品吧!

在学生观察评价纸编作品时，可以引导学生观察讨论纸带穿编的规律和小方提篮立起来及篮口处理；观察两种不同色彩交织成的纹理，并运用到装饰中。可以让学生介绍一些经验：我们在编织时如何使小篮子立起来? 你有没有什么办法在篮子上作装饰? 怎么处理篮子的开口? 我们利用这种方法还可以编织其他样式的小篮子吗?

课堂总结：看到同学们用了不同的编织方法让普普通通的纸带变成了一件件艺术品，我们在编织时可以用多种色彩纸条的交错编织成好看的纹理，编织物会更加漂亮。通过大家的努力一件件作品多么精美呀! 用它装饰我们的生活是多么美妙的一件事呀! 课后，同学们试着编织更美的编织作品，把你最美的作品送给你的亲人来表达你的感激之情，好吗?

师： 穿编在生活中还有很多运用，可以使用不同的材料进行穿编，还有其他编法。

只要你开动脑筋，动手创造，就会有与众不同的作品诞生。

展示穿编的其他作品（小果篮、装饰图案、创意篮子等）。布置课后拓展作业（上网自学创意编织的制作）。欣赏、讨论作品的制作方法。

【设计意图：展示生活中的各种穿编作品，拓展学生的视野，启发学生的创造设计意识，培养学生收集整编信息的能力。】

（案例提供：王敏）

编结在民间美术中属于立体造型的美术品。在我国各地，人们就地取材，用各种植物茎叶编织器物用品，主要有竹编的各式容器、花席、靠垫、草帽等，工艺精美，传统悠久，深受人民群众的喜爱。在小学阶段，引导学生进行编结手工的学习是非常有必要的。

四年级的学生处于小学转型期，思维比较活跃，对事物开始有了自己的想法，加上他们特别喜欢手工，动手能力也较强，基本能够掌握方法并按照自己的想法制作一件手工艺术品。此课是设计应用领域知识，以"编织乐园"为主题，重点是运用经纬编织法设计制作一件工艺品，装饰自己的生活空间，旨在培养学生对生活的热爱，对传承民间工艺的追求。老师积极引导学生欣赏编织工艺品及了解制作的方法，学习运用经纬编织法设计制作一件小工艺品，体会"物以致用"的设计思想，并运用设计和工艺的基本知识和方法，进行有目的的创意、设计和制作活动，发展创新意识和创造能力。在这个过程中，让学生感受民间工艺的艺术美，并尝试用经纬编织法去创作，在创作中感受色彩搭配的装饰艺术手法、各种编织材料的特性，合理利用多种材料和工具进行制作活动，使学生初步了解我们伟大民族乡村传统民间工艺美术编织的特点，增强民族自豪感，提高学生对民间美术的审美能力。使学生领悟编织材料、造型、色彩与设计功能的统一，提高学生对生活物品和自己周边环境的审美评价能力，培养学生敢于大胆创造和表现的实践动手能力，树立创建美好生活的自信心激发美化生活的愿望和对生活的热爱，从而进一步提高学生传承和发展中国传统民间美术的意识。

教学重难点是掌握经纬编织法，学会设计平面和立体造型的小工艺品，运用编织技法进行创意构思与创作。为此教师做了大量的课前准备工作，如：有关编织的知识、图片欣赏、课件或教具（有趣味性）；收集准备一些编织的工具和材料；多媒体设备；收集编织品和有关的文字和图片；选择准备设计制作的材料、方法、工具等等。在教学过程中还培养学生养成事前预想和计划的行为习惯以及耐心细致、持之以恒的学习态度。学会了在创作中，如何与他人合作、交往。促进学生形成愉快的健康向上的审美情趣；培养学生现代意识和创新精神。除了提升学生的核心素养外，更是培养学生的综合艺术的素质。

此节课目的就是运用传统的编织形式来创意设计一些简单的编织品。了解到老师课前给学生提出探究学习的问题，要求学生围绕问题收集资料，寻找答案，以此培养学生主动、独立获取知识的能力。为了激发学生学习兴趣，王老师运用编织品欣赏导入新课，先把课前收集的编织作品拿出来，同时配上古典音乐，为学生创设教学情境，提示学生摸一摸、议一议，主动去体验美、发现美。接着针对编织的有关知识，采用聊天的方式展开提问、讨论，并运用了多媒体教学手段，展示一些中国民间传统编织品图片及现代编织品，引导学生从功能、造型、材料和色彩来评价它们，提高学生的审美评价能力。在引导学生探究学习过程中，让学生通过拆作品，又装回作品，发现问题、找出问题、解决问题，从而解决教学中的难点，并通过多媒体演示编织法，让学生在轻松、愉快的气氛中做做玩玩，感受编织的乐趣；微课让学生感受更多形式的编织以及将在编织过程中遇到的小问题解决。课堂上以两人为一组完成一件编织品，先通过小组讨论，根据所准备的材料特性，确定设计主题，围绕其功能选择色彩、造型；在设计制作过程中，教师指导学生齐心协力克服制作难关，尽最大努力达到设计目的，培养学生的动手能力和美化生活的能力；同时以分组合作的学习方式，也让学生学会合作中如何愉快交往。在评价整理阶段，给学生作品予以肯定并进行小组自评、互评，真正使学生在学习过程中逐步学会学习方法而达到促进其自主的主动学习的目的。为了让学生获得成功感，并使学生的学习兴趣转化为持久的情感态度，课后由学生独立策划、举办一次编织品展。

在授课的过程中，老师通过分解制作将本课的难点得以突破，使学生对制作过程有全面的了解，并在观察中触发新的想法。培养了学生的看图自学能力、合作能力。通过动手操作，探究创新，启发引导学生的创造性艺术思维能力，提高学生认真细致的做事态度，培养创新意识、环保意识、合作意识和安全意识，并在欣赏自己和他人作品的快乐中感受生活的乐趣。这个环节中，学生通过简单的交流，从身边的问题入手，引发学生的好奇心，激发学生学习探究的欲望，变"让我学"为"我要学"。教师非常强调学生在活动过程中的主动参与性，也注重对学习过程的评价，关注学生个体差异，注重评价激励性、多元性、开放性，在自我评价的基础上，尽可能采取小组讨论交流的形式，鼓励同伴之间充分发表意见和建议。培养学生小组合作学习的能力和实践能力，提高学生与人交往的能力。学生进行成果展示，既是课内的总结，又是课外的延伸。鼓励学生积极参加评比活动，把研究引向更大的课堂，引向更深的层次。再者，在孩子们心中播下自主探究的种子，让其生根、发芽、开花、结果。学生由动手实践编织方法，到组织语言把自己的想法交流给大家，是一个提升的阶段。本节课老师坚持多元化、激励性等原则，将自我评价、小组互评、教师评价有机结合，对作品进行多种形式的评价让学生在玩中学、学中玩，让学生感受到编织带来的快乐。

【教学实录（案例）举隅评析】：《动物小彩塑》

教学过程：

一、课题导入

我知道我们很多同学家里都有养小动物，老师也特别喜欢动物。我呀，最喜欢熊猫了，所以我就养了一只可爱的小熊猫。

（一）出示范作：泥塑小熊猫

师：这只熊猫可爱吗？你们想不想也来动手做一只自己喜欢的小动物呢？

生：想。

（二）展题：《动物小彩塑》

二、讲授新课

欣赏感受：

师：这些动物彩塑好看吗？能说出你的感受吗？

生：有趣、可爱。

生：很开心。

【设计理念：欣赏泥塑作品，让学生感知、分析、比较这些作品中所隐含的美的因素带给自己的感受，发表自己的看法与判断。通过这个活动增进学生敏锐的观察力和领悟力，培养提升审美判断力。】

三、观察探究

师：那我们要怎样才能做出这么讨人喜欢的动物彩塑作品呢？首先我们来观察下面的图片，泥塑动物与真实的动物有哪些不同的地方？小组讨论2分钟，组长汇报总结。

小组代表 1：泥塑动物的造型夸张。

小组代表 2：泥塑动物的颜色很鲜艳，与真实的动物本身颜色不一样。

小组代表 3：泥塑动物有好看的花纹，装饰得很漂亮，真实的动物没有。

师展图总结：

【设计理念：通过真实形象与艺术形象的对比，学生对泥塑造型、色彩、比例和肌理等形式特征，以及材质、技法和风格特征等有了初步认识。小组讨论分析让学生能更好感受美术现象的魅力，提升学生的图像识读素养。】

师：不同的地方，人们设计制作彩塑的风格也不一样。同学从颜色花纹和造型上观察，看看你们是否能说出不同地方的彩塑的特点？

（1）广东彩塑。

生：颜色很艳。

生：以大红为主色调，绿黄点缀。

师：花纹也细致精巧。你们都说得不错，广东的彩塑特点就是造型夸张，色彩以红色为主，花纹多变。

（2）浙江彩塑。

生 1：与真实的动物基本一样。

生2：但是颜色比真实的动物更鲜艳。

师：浙江的彩塑特点就是：造型接近真实，颜色对比鲜明，显得格外醒目。

（3）陕西彩塑。

生：比广东彩塑的造型更夸张。

生：让我想到了装饰画。

生：花纹很多。

师：的确，陕西的凤翔泥塑是具有很强的装饰性的。它的特点就是：泥塑上有
丰富的图案、绚丽的色彩装扮。

【设计理念：美术学科的核心素养提出从文化角度来分析、诠释和理
解不同国家、民族的文化艺术特点，学会尊重并理解不同国家和民族的文
化内涵与含义。本环节让学生欣赏不同地域的动物彩塑，理解不同地域的
审美情趣和彩塑特点，学生从欣赏彩塑的活动中提升文化理解能力。】

师：欣赏分析完这些动物泥塑的造型特点了，那我们又如何塑造动物的形象，
为自己做一个有趣的泥塑小动物呢？我们来看看大象和长颈鹿变成泥塑后
的样子吧！

生1：泥塑大体造型与真实的动物很相似的。

生2：动物本来的主要特征也表现出来了。

生3：长颈鹿花纹特点也很明确。

生4：泥塑动物的颜色比真实的鲜艳，更有创意。

师：你们分析得都对。那老师来给你们归纳总结，你们需要注意两点：

（1）抓住大形和主要轮廓。

（2）表现主要特征。

【设计理念：学生通过观察和对比感受彩塑动物简练的造型美，点、线、
面、色装饰的纹饰美，以及精致的手工美和不同的创形美式。】

师：那我们要怎么找出动物的大形轮廓和主要特征呢？我们观察一下老师最喜
欢的动物熊猫吧！

师：同学们，熊猫的外形有什么特点呀？

生1：圆滚滚的，胖胖的。

生2：黑眼圈。

生3：白色和黑色。

师：一起在图上找找吧。

【设计理念：鼓励学生运用学过的基本形，概括物象的主要轮廓特征，简单准确地表现动物的主要特点。】

四、创作与表现

观看制作微视频。

师：你知道老师这只可爱的小熊猫是怎么做出来的吗？（播放视频，微课教学）在视频中老师用到了哪些方法来制作小熊猫？

生：捏了不同大小的圆。把不同的部分连接起来。根据需要，比如眼睛，就用俩小小的圆压扁贴到熊猫的脸部。用牙签轻轻地戳出熊猫的鼻子，还用上了黑色签字笔，画熊猫的嘴巴。

师：板书总结制作方法。

五、作业布置

师：小熊猫很想邀请其他动物朋友来参加派对，它已经为朋友们准备了美味的佳肴了。(展示教师范作)同学赶紧用你们灵巧的双手把动物朋友们带来吧！各小组商议确定创作的动物形象。组长分配任务，分工合作完成。

【设计理念：创设情景，提高创作热情，鼓励学生合作探究、创新，提高艺术欣赏能力、创造能力和民族自豪感。通过构思与反思，创作具有个性审美的美术作品，并表达自己的各种想法与情感，培养学生的"美术表现"素养。】

六、展示与评价

（一）以小组为单位展示作业（通过投影平台展示参加派对的动物朋友）

（二）引导学生从以下几个方面评价作业

（1）形体造型是否概括、简练。

（2）特征是否夸张。

（3）装饰色彩是否和谐。

（4）制作手工是否精致。

【设计理念：学生通过教师的引导自评互评美术作品，鼓励学生运用美术专业术语，通过这个环节培养学生的欣赏能力和表达能力，提高学生的审美情趣，也体验到成就感。】

七、课堂总结与拓展

师： 同学做的这些彩塑小动物真是可爱呀！在民间，这些彩塑小作品既是小朋友的玩具又是装饰摆件。你们现在已经掌握了基本的制作方法了，课后为你们温馨的家添加适合的动物彩塑装饰品吧。

【设计理念：对学生的创作进一步肯定，增加学生的成就感，并进一步激发学生对民间艺术的兴趣，培养学生的审美情趣和创作兴趣。】

（案例提供：刘炜）

美术课程面向全体学生，激发学生学习兴趣，关注文化与生活，注重创新精神。《动物小彩塑》是岭南版第九册的一堂造型表现课。教师围绕自主学习、与人合作、共同探究的教学线索进行教学活动，注重学生的观察思考与表达实践能力的培养。五年级的学生有了一定的形象思维能力、语言表达能力、动手实践能力，教师主要让学生通过讨论、总结来理解知识点，自主观察思考来发现问题并解决问题，充分发挥学生学习的主观能动性。

　　"了解民间彩塑创作的艺术特征，运用基本形进行组合、连接、添加、装饰，创作动物小彩塑。体验民间彩塑不同的创作风格和表现手法，学会借助工具进行彩塑造型，提高对彩塑的兴趣和对民间艺术的兴趣"是这节课的教学目标。教师围绕运用捏、接、贴、压、戳、绘的民间彩塑技法，塑造泥塑动物造型；如何运用形体概括法、部件连接法塑造小动物的教学重难点，将这节课分为三个部分：第一，欣赏各地民间艺人的彩塑作品，教材简介了不同地区的彩塑工艺特点，展示了多件小巧玲珑又生动传神的动物彩塑。第二，介绍彩塑动物制作的工艺程序和操作步骤，引导学生通过掌握制作泥塑的基本技能后进行动物造型。第三，学生作业练习，制作小彩塑。学生可以根据自己的实际水平，选择合适的材料创作，鼓励小组合作的形式进行创作，展评时进行多元评价。这节课的亮点就是教师范作成功地引起了学生对彩塑动物的学习兴趣。让学生观察、比较、欣赏图片的设计，很好地引导了学生主动发现问题和理解知识点。课前组织训练学生分组分工的准备环节所起的作用在学生身上很好地体现出来，通过小组讨论及分工，更有效地完成了学习目标。

　　从整堂课的教学流程及学生的表现来看，教学设计流程比较顺畅，每个环节都能自然衔接，学生的表现非常主动积极。教师的提问恰当到位，能及时引导学生积极地思考探索质疑；分组合作的教学方式让学生在课堂上真正自主探究。从作业效果来看，学生能基本掌握了泥塑的简单制作方法，并体现出了学生的创新意识且有个性审美。

【教学实录（案例）举隅评析】：《展翅的小鸟》

教学过程：

一、导入

师：同学们，上节课做的小鸟带来了吗？

生：带来了！（举起上节课制作的小鸟半成品）

师：你听，它在说什么？（指着讲台前一只没有翅膀的小鸟）

电脑旁白："大家好，我叫海蒂，我是一只生来就没有翅膀的小鸟，你们看，我会走，会跳，可就是不会飞。幸好朋友们都很爱我，总是带些果子给我吃，可是我多么想和它们一起翱翔啊。"

师： 孩子们，我们怎样才能帮助海蒂啊？

生： 给它一双翅膀。

师： 那我们今天就来帮它成为一只展翅的小鸟。（出示课题）

【设计意图：营造宽松有趣的学习氛围，让学生主动进入学习情境中。】

二、新课讲授

（一）粘贴翅膀

师： 有人和我们想到一块儿去了，你听。

电脑旁白： 有一天我遇到一只许愿鸟，它给了我这双白色的翅膀，可是我自己不会安装啊，你们谁能帮我吗？

师： 谁来？你来试试，你想一下这里是向上折还是向下？

生： 向下，因为向上折这个边露在外面不好看。

师： 那请你把它粘上去吧。这边谁来粘？请仔细观察他是怎么粘的。

生： 开始现场粘。

师： 同学们他粘得好吗？你有什么经验要分享一下吗？

生： 粘的时候要两边对齐，高低和前后都要对齐，像这样从上往下看着粘。

（二）外观设计

师： 海蒂现在有翅膀了，我们看看它又说什么了。

电脑旁白： 谢谢你们帮我粘上翅膀，我迫不及待地给朋友们看，它们却说："哎呀，你的翅膀好丑啊，我可不要跟你一起飞，我伤心极了，我怎样才能变漂亮啊。"

1．色彩搭配

师： 是啊，你看其他鸟儿的翅膀多漂亮啊。（播放视频）

师： 你知道怎样帮海蒂装饰翅膀了吗？

生： 为它添上美丽的色彩。

师： 比如说？

生：用对比色。

师：像这样紫色与黄色是？（展示黄色和紫色搭配的翅膀）

生：对比色。

师：除了对比色之外还可以用？

生：邻近色。

师：像深蓝和？（展示深蓝和浅蓝搭配的翅膀）

生：浅蓝。

师：除此之外呢？我们还可以用……（展示多种色彩搭配的翅膀）

生：五彩缤纷的颜色。

2．纹样精美

师：除了给它美丽的色彩之外我们还可以怎样做？

生：为它装饰美丽的纹样。

师：比如说？

生：点（大小形状不一的点）、线（直线、折线、曲线）、面（点和线组成了面）。

3．造型多样

师：除此之外我们还可以改变它的？

生：外形。

师：你想给它什么形状？

生：宽阔的翅膀、像鹦鹉一样圆润的翅膀，像海鸥一样细长的翅膀。（展示各样造型的翅膀）

4．综合材料

师：于是老师根据以上几点做了一个这样的翅膀，你看它有什么特别的地方吗？

生：它的翅膀有羽毛。

师：所以老师用了？

生：综合材料。

5．微课视频

师：想知道这双翅膀是怎样制作的吗？一起进入"米尼"课堂。

微课：首先为你的小鸟搭配色彩，并将卡纸对折，这样你就能一次得到两个翅膀，然后用画、剪、贴的方法进行翅膀的外形制作，除此之外我们还可以选择生活中合适的材料（展示材料），让小鸟的翅膀别具特色。比如这里我用了羽毛、干花、赤小豆，还要注意留好连接部分哟！（出示连身体一起装饰好的小鸟）

师： 你还能想到哪些综合材料？

生： 羽毛、纽扣、纸、黏土、干花、毛线、彩色小棒。

师： 无论你选择什么材料都不能太重。

【设计意图：引导学生自主探究，大胆质疑，轻松突破重难点，达到教学目标。】

（三）翅膀制作

师： 接下来就为你的小鸟制作并安装一双独一无二的翅膀！（PPT 出示，手指 PPT）请先认真阅读小组合作要求及评价标准，然后开始制作。

（1）小组合作：

目标： 为小鸟装上一双专属翅膀。

要求： ①组长分工，一人剪翅膀，两人装饰翅膀，一人粘贴。②个人工作完成后协助其他组员，并及时清理垃圾。③任务完成后可以安静地离开座位，欣赏其他小组作品。④听到老师击掌声迅速归位。

（2）评价标准：色彩丰富、纹样美观、外形独特并且恰当运用综合材料。（PPT 给柔和音乐）

（四）联动装置

1．情景设疑

师： 让我看看你们的作品！哇，这么多漂亮翅膀！海蒂高兴地说——

电脑旁白： 太漂亮了！我要赶紧飞到朋友身边让它们看看。

师： 海蒂来到跑道边准备起飞，哎哟，天啊，它的翅膀怎么不能动啊？（师举手暗示）

生： 它缺少了一个联动装置（说的同时 PPT 出示联动装置）。

师： 我们只要在翅膀和轮子之间加一个？

生：连接件。

2．学生自主尝试，教师巡视指导

师： 那你们就动手试试吧。请先阅读制作要求。（播放背景音乐及作业要求）

（1）小组合作：

目标： 为翅膀装上联动装置。

要求： ①组长组织轻声讨论，成员轮流发表意见，说说如何正确使用联动装置让翅膀动起来。②大胆尝试，不断完善。③相互鼓励，不指责同伴。④先完成的小组可以去其他组做小老师，注意轻声细语，态度诚恳。⑤听到老师击掌声迅速归位。

（2）评价标准：联动装置美观，翅膀能够自如扇动。（PPT给柔和音乐）

3．交流反馈

师： 老师看到很多小鸟的翅膀都动起来了，谁来分享一下你们的经验？

生： 我们尝试了两次，翅膀终于动起来了。一开始我们把连接件直接粘到了轮子上，结果动不了。后来我们发现要拿小木棍固定留出活动空间翅膀就动起来了！

师： 看来，多尝试就能找到好办法。还有谁来分享？

生： 我们一开始的时候连接件太短了，轮子转到下面的时候就卡住不动了，后来我们换了个长的就动得很好了。

师： 这就是细节决定成败啊！关于这个联动装置谁有疑问吗？看来你们探究得很成功啊！

【设计意图：引导学生充分发挥自主能动性去解决问题。】

三、展示交流

（一）百鸟齐飞

师： 请各组派代表上来，让你们的鸟儿与海蒂一起飞向蓝天。（学生三两一组飞，并将鸟儿贴在KT板上）

师： 小鸟们一只只飞上了蓝天，看它们多漂亮、多开心啊！

（二）交流评价

师： 这么多美丽的鸟，哪只最吸引你？

学生自由说。（当学生说我喜欢某一只的时候，老师手指着板书引导说理由）

师： "因为它——"

【设计意图：培养学生合作学习意识，懂得发挥团队合作解决问题。】

四、总结延伸

师： 同学们，通过我们的努力海蒂和它的朋友们飞上蓝天了，你看。（播放飞鸟视频）鸟儿无拘无束地飞翔在蓝天美不美？

生： 美。

师： 所以我们要？

生： 保护它、爱护它。

师： 并向身边的家人朋友——宣传它！

（案例提供：刘箫）

民间玩具是我国传统文化的一个重要载体，它承载着中华儿女的聪明才智、审美取向以及对美好生活的向往。通过对民间玩具的研究和制作可以提高学生综合审美水平，培养学生的动手能力，提高学生创意思维，掌握一定的传承传统艺术的知识和技能，提升传承与创新的意识。

这节课教学内容取材于岭南版义务教育小学美术六年级下册《展翅的小鸟》，主要让学生从自然界中发现并总结鸟儿的形态美、色彩美、纹样美，在观察与探索中制作轮轴和连杆的联动装置，在欣赏与学习中体会鸟类的美好与珍贵。教学中教师有效利用教材并进行合理的改编，融入了故事情节、综合赏析、合作探索等元素使教学妙趣横生、层层递进。

这是一节以学生为主体的课堂教学，教师的设计要比传统的讲授式课堂设计更加有创新突破，除了解析教材之外，最重要的是对学生的深析。首先是对学生已有知识技能水平以及与新课所需新的知识技能水平之间差距的分析，其次是学生在本课教学过程中不同阶段心理状态的探究，再次是教师在每一次引导式的问句后学生会有怎样的反应以及会产生哪些错误的理解与认知，最后是学生在经过本课的学习后所获得的知识技能、情感态度价值观及对日后学习与生活的影响。教师在反复研究教材的基础上确定了本课的教学目标：引导学生懂得运用联动装置制作出会展翅的小鸟；了解小鸟翅膀的色彩、外形、纹样特点，并运用画、贴、折、卷等平面及立体方式装饰设计作品；探究综合材料在装饰作品中的运用；通过制作展翅的小鸟培养爱护鸟类的人文情怀；培养小组合作意识以及组织协调能力。教学重点：能从小鸟的色彩、纹样、外形进行大胆创新制作，充分利用综合材料学会巧用心思去设计。教学难点：运用联动原理制作大小、长短、造型合适的连接件。根据学生已有的知识技能水平设计了主要的教学环节，以帮助没有翅膀的海蒂制作翅膀为主线开展教学，逐步解决翅膀外观设计与制作、综合材料装饰、联动装置制作与安装难题。在整个教学设计中教师坚持引导学生示范、动手、质疑、答疑、探究、合作，对可能出现的问题以及应对措施进行预设，尽量做到细致全面。

从学生学习状态来看，这节课做到了环环相扣、逐层递进以及课堂翻转，在有限的时间内让学生极大限度获取了知识技能并获得积极的情感体验。每一次质疑，学生都能积极思考并给出多元的答案，每一次欣赏都能让学生沉醉其中并有所收获，每次合作都让他们体会到共同探究的乐趣和各司其职的担当。从作业效果来看，学生基本掌握了本课的学习重点并攻克了难点，每一组的小鸟作品都能够"展翅飞翔"，外形各具特色，可见在翅膀外观的学习上学生们已经掌握了设计的基本方法并能够熟练应用。有的小组在鸟翅的装饰上使用了创新技巧并进行整体装饰，这是学生通过自主探究获得知识后自我建构的新知识，也是这节课的亮点所在。

【教学实录（案例）举隅评析】：《会跳舞的鸟》第 2 课时

教学过程：

一、导入

师：同学们，有两个朋友一直想跟大家见面，看看是谁？

木偶：哈喽！大家好，我是木偶人小绿，听说上节课大家夸我呢！虽然我的头是木刻的，但我懂音乐，擅长表演，造型美观，谢谢大家的夸赞！

小鸟： 我也来做个自我介绍吧！我叫 KITT 丫，不是 HELLO KITT 丫猫，我是一只鸟，一只会跳舞的鸟，我来给大家跳一段舞，好不好，掌声响起来！我今天来的目的是要邀请大家参加我们举行的舞林大会！选举跳舞跳得最好的鸟来做百鸟之王！条件是不仅要长得美，舞姿还要美！赶快来参加吧！

【设计理念：通过表演，吸引学生的注意力，引起学生的学习好奇心，且复习了已学过的知识点，起到承上启下的目的；让学生切身感受提线木偶的表演趣味。设置一个情景来贯穿整个课堂，渲染课堂氛围，使学生的大脑皮层形成优势兴奋中心，这种兴奋性越高，注意力越集中，观察就越持久，越真切，这就为想象、情感和思维提供了鲜明的感知目标。】

二、启发

师： KITT 丫邀请我们参加舞会，首先我们要做一只会动的鸟，我给大家看一下上节课的作品，它真的会动吗？再来看看它们，为什么会动？我想请两位同学上台来体验一下，愿意的同学请举手！

生： 老师拿的这只鸟腿和颈部都比较柔软。而且这个用的是毛线的材料。

师： 对，柔软，能动的部位都很柔软，他用的是布、绳子。那我们也来借鉴一下这种形式，用绳子代替能动的部位，大家看，可以吗？

生： 可以动。

师： 嗯，这是个很好的方法。

【设计理念：让学生通过对比，自主发现问题。导引学生的自主学习以促使学生进行主动的知识建构的教学模式。激发起全体同学的学习兴趣，使每个学生都积极主动地去探索、去学习，并加强合作交流，少走弯路。】

师： 刚才那位同学说了，用了不同的材料，同学们再想想，我们除了卡纸还可以用什么材料来做这只小鸟，比如我们美术课经常用到的？

生： 弹簧、橡皮泥等。

师： 大家来看我用了卡纸、毛线和橡皮泥三种材料制作的小鸟。今天我们就尝试选择生活中和课堂上经常用到的材料来制作会跳舞的鸟。在利用这几种材料制作小鸟的时候，老师有几个提示，请看！

【设计理念：教师在教学中把教学重点放在学生的学习过程，放在获取知识的方法上，让学生通过感知—探究—实践的过程去发现美术作品的表现形式和创作规律，获得审美经验，提升学习能力和创作能力。】

三、微课演示

播放微课视频，演示关键步骤。

【设计理念：微课录制的并非是整个小鸟的制作过程，而是重要步骤的演示提示，既不限制学生思维，又解决了难点。相比课堂上直接演示节省了很多时间。将微课程引入课堂辅助教学，有利于达成教学目标，有利于优化课堂教学过程，有利于学生减负增效，有利于教师个人专业成长。】

四、学生创作

师： 我们每个小组的材料不同，今天我们这节课做的小鸟，一要美观，二要会跳舞，让我们再来看看比赛要求。另外，每个小组的材料袋里都有一份温馨提示，请每位同学认真阅读。给你们18分钟来完成作品。请各小组一定要在规定的时间内完成！下面开始！

【设计理念：让学生运用不同材料进行创作，更能发挥学生在学习中的主体作用，调动学生的积极性，通过动手，激发求知欲望和探索精神，在过程中体现构思，完成有独特见解的作品创作，发展个性，培养创造力。】

五、评价、表演

师： 好，时间到！看哪一小组先做好！表扬这一组，做得非常端正！请各小组组长带着你们的作品上台！我们三人一组，跟着音乐在舞台前面让小鸟跳舞哈！我们三人一组来评吧！你们觉得哪个跳得好，长得又漂亮？

生1：我们小组用暖色的卡纸来表达小鸟活泼热情的性格，（用冷色的卡纸制作小鸟，给人一种清新的感觉）在造型上，我们用亮片装饰小鸟的羽毛，让它更加炫丽夺目，让它成为最闪亮的明星！

生2：我们小组在装饰小鸟的羽毛时用不同颜色搭配，而且雕刻了一些纹理，让小鸟更生动！我们小组的成员都团结合作，我们大家体会到这种精神才是我们更大的收获！

生3：我觉得我们组选用的毛线更加符合小鸟羽毛的质感，整体造型非常和谐，跳起舞来更加飘逸！我觉得我们小组无论从造型上还是从舞姿上都是最美的！

师：说说你们小组没有完成的原因！

生4：我们小组在任务分配上没有均衡，大家配合得不太好，所以时间就浪费掉了，没有在规定的时间内完成！

师：大家觉得哪个小组可以获得"百鸟之王"的称号啊？

生5：第二组！

师：恭喜你们小组获得"百鸟之王"的称号！

【设计理念：通过小组合作，让学生懂得团结合作的重要性，并从中体会合作的乐趣；通过学生自己对作品的评价可以了解学生是否掌握了知识点，是否能从中发现自己的问题，并且提升自己的表达能力。】

师：同学们，我们知道鸟类是人类的朋友，它给我们带来了动听的歌声，自由的向往，但是，很多珍稀鸟类濒临灭绝，我们不希望到最后，只能欣赏我们自己做的小鸟，让我们与真正的鸟儿成为朋友，所以希望我们大家能够热爱大自然，保护珍稀鸟类！

【设计理念：通过对图片欣赏唤起学生对珍稀鸟类的保护欲望，提高学生环保的意识。】

（案例提供：楚玲玉）

新课程背景下，教师是学生成长道路上的引路人，是学习活动中的合作者和促进者。根本的任务：是要创设丰富的教学情境，信任学生的学习能力，营造轻松、愉快而宽容的教学氛围。这个主题教学的意义何在？教学面临最直接的问题就是，手工艺人的技术比较难传承，传统民俗淡化，科技化、智能化的知识信息占据主要位置，如何利用课堂教学引导学生学习民间美术工艺知识，提高学生的传承发展民间传统美术的意识。

这节课教学内容取材于岭南版义务教育小学美术第十二册《会跳舞的鸟》，以民间玩具为主题，引导学生关注民间玩具的起源发展、民俗背景创作意图、社会功能与艺术的特点，教学侧重点是引导探究提线小鸟玩具的整体造型和活动原理，关注"小鸟"外形与动态美的造型特征，重点学会运用环保材料进行捆扎、连接组合成型的技能技巧。目的是让学生了解民俗艺术提线木偶，学习运用提线木偶的制作方法创作鸟形玩偶，了解艺术作品美的体现。通过对微课的观看学习提线鸟的制作；通过欣赏视频，了解提线木偶的艺术；通过思考、讨论，学习怎样才能让作品体现美。培养学生了解民俗艺术；培养学生爱护鸟类，保护大自然的意识。老师围绕"学习提线木偶的制作原理，并能把握各种鸟的外形特征进行创作表现；如何用不同材料来制作小鸟，如何让小鸟动起来的方法，如何设计造型才能让小鸟更美观"的教学重难点展开教学。

这个技能对于学生来说是比较难掌握的，能让小鸟动起来有很多种方法，材料也可以多样，因为老师课前认真备了课，对学生的学情有较全面的了解，现在孩子的动手能力太弱了，很多孩子绳子打结都做不好的，就让学生先了解木偶戏，了解我们的民间艺术，再逐步进入课堂教学中。这节课老师只是用了最简单的方法进行教学。在学生创作的过程中，学生通过小组合作，互相交流点评、更让其他同学学会了更多的技法，综合材料的运用更是激发了他们创作的热情。最后的拓展将课堂紧密联系到现实生活中存在的问题，让学生留心生活，提升自己的价值观，是课堂的一个升华！教学情景设置环节，老师抓住了学生年龄、心理的特点，让学生在学习的过程中心中充满挑战和好奇，并在课堂的开端就以表演的形式导入，成功地抓住了学生的兴趣，让课堂成功地拉开了序幕。从学生整节课学习投入的状态来看，课堂教学效果很不错，学生思维活跃，主动探究，认真观察，在作品的创作过程中也是不停地尝试创新，充分发挥了学生的主观能动性。

【教学实录（案例）举隅评析】：《节日的餐桌》

教学过程：

一、情境导入　展示主题

听音乐说心情：

师：猜一猜，是什么节日放这首歌？怎么过年的？老师变个魔术，把可口的菜变出来，大家一起过个新年吧！今天我们一起来学习节日的餐桌。出示课题。

【设计意图：学生通过听一听、说一说、猜一猜，感受节日的气氛和家庭的温馨，激发学生的学习兴趣，渲染节日团圆饭带来的温馨感受。】

二、欣赏探究　情感渗透

（一）图像识读，情感渗透

探究学习一：

师：一起欣赏《舌尖上的中国》片段。中国的美食很丰富，我们看到不仅仅是色香味俱全的美食，而且还学习到"珍惜粮食，弘扬节约"的传统美德。

学生情境表演诗词《悯农》。

师：我们应该怎么做呢？

生：光盘……

师：在家里进行"光盘行动"，尽量不要留剩菜。与家人一起去饭店吃饭的时候，告诉大人，能吃多少点多少，不够可以再点。中国在哪些节日里喜欢一家人吃大餐？

生：中秋节、端午节、元宵节、春节……

师：课件图片展示。春节为什么一定要吃鱼，鱼有什么营养？

生：优质蛋白质……

师：寓意年年有余的"余"的谐音是鱼，你还知道什么谐音？

生：……

师：实物与绘画对比有什么不同？

生：绘画作品会有更多的装饰，色彩更加丰富，会有点线面的创意……

（二）探究学习，巩固操练

探究学习二：

师：怎么画鱼？由哪些形状组成的？谁来说说？

生：先画外形，再画花纹，最后上色。

生：椭圆、圆形、方形等。

师：（出示外形）先找出食物的外形勾线画出美食，再画上美食和盘子里装饰的花纹（出示花纹），最后涂上颜色，一盘色像俱全的美食就出现了（出示色彩）老师这里有三个纸盘子，和学生们玩游戏把这些菜拼上去。

【设计意图：通过全班参与、师生交流并进行图像识读、审美判断的训练，探讨节日的餐桌的外形、花纹和色彩的含义，培养学生自主学习的习惯和激发学生的探知欲。】

（三）示范微课，技能内化

探究学习三：

师：你们看节日的餐桌里的菜不仅仅形状各异、色彩丰富，味道也是美味可口。一起欣赏食物图片，老师现场示范完成一盘有创意的美食。观看微视频示范，发现了是用什么工具完成的吗？

生：彩笔、卡纸……

师：请同学们小结一下，怎样可以完整画出美食？

生：画外形，再画花纹，上颜色，最后添加盘子及背景、花纹……

师：对，同学们总结得非常到位。①画鱼，勾线画外形画花纹涂颜色。②配点心，再画盘子的花边。要求学生认真思考，发挥想象，创作一盘独特的"形、色、香、味"的美食菜式，画完请每组的组长选8盘菜来贴在黑板上的大餐桌上展示。

【设计意图：通过师生互动，学生进一步认识到中国美食的特点，以及食物的造型和色彩之美，激发学生的创作兴趣。】

三、创想实践 情感释放

师： 想不想给自己设计一款独特的节日餐桌上的菜？要有创意，注意作画的步骤。

（播放轻音乐）

【设计意图：学生共同体验创作实践过程，情感得到释放，享受作画过程。】

四、个性评价 情感交流

师： 生生互评，你喜欢哪个餐桌的菜？为什么？个个都是优秀的小厨师，老师奖励厨师帽子。选出最具创意奖的小厨师。表演祝福语和祝福歌。在大家的帮助下我和同学们过了一个非常愉快的节日，也"品尝"了我们色像俱全诱人的菜，老师提一个小建议，每组齐说一句祝福语好不好？

【设计意图：进行自主评价和互相评价，增强他们的自信心，加强彼此交流，有利于关注同伴并向同伴学习和提升个人的表达能力。学生可进一步了解饮食文化及其视觉美感，更重要的是让学生体会浓郁的亲情友情所带来的欢快氛围。】

五、情境表演 小结拓展

师： 今天你们学会了什么？开心吗？你们都是优秀的小厨师！

生： 学会创作美食，学会合作完成作品……

师： 下节课我们继续完成节日的餐桌，节日的餐桌离不开一家人美好的心情和一桌丰盛的美食。今天这节课就上到这里，同学们，再见！

（案例提供：葛璠）

"节日的餐桌"是一节很有趣的手工课，又是一节综合探究课，二年级的学生对一切新奇的事物很感兴趣,特别是对"橡皮泥""超轻黏土"等材料非常感兴趣。学生探究什么、创造什么、质疑什么、体验什么是教学设计的重点。一盘盘美食为教学起点,通过猜一猜、看一看、演一演、拼一拼、画一画、赏一赏、评一评,让学生回忆节日餐桌上的美食,并创设有趣的创作活动,创作出一幅丰盛而独具特色"节日的餐桌"作品,感受与探索中国饮食文化的视觉美和对美好生活的向往。

活动设计是让学生在厨师的升级过程中由浅入深地了解食物的相关知识,从生活情景入手将学生带入学习氛围中,激发了孩子们的学习兴趣。首先,学生通过"说一说、猜一猜"感受节日的气氛和家庭的温馨,观看图片探讨得出节日的餐桌美食的构图、形状、花纹和色彩。课堂中师生互动,培养学生自主学习的习惯和激发学生的探知欲。通过欣赏教师的示范和微课,引导学生进一步了解中国美食的特点,激发学生的创作灵感。接着引导学生欣赏优秀作品,打开学生的创作思路,学生自主选择材料进行创作。最后,进行评价、交流,选出最具创意奖的小厨师献上祝福语和祝福歌来结束授课。以浓郁的亲情友情为副线,将"节日的餐桌"中教学目标、重难点的教学主线凸显得鲜明而又富有情趣,"玩转"课堂,轻松学到,给学生留下深刻的印象。美术课堂的根本就是让学生在轻松愉快的氛围中体验美、发现美、创造美。

【教学实录(案例)举隅评析】:《趣味布玩偶》

教学过程:

一、导入

师: 同学们好,老师今天给大家带来了一份特别的见面礼(教师拿出袜子和手套)。

师: 你们可别小瞧我手中的这对兄弟,它们可不是一般的手套和袜子,它们会变身的!不信我现在把它们装进魔法袋里试试。再用魔法杖点一下,好像有什么东西要跳出来,(伸手进去)手套变成大象了,袜子变成小黄人了,还变成了鱼、变成了小黄鸭。

师: 哇,一下子变出了这么多有趣的毛绒玩具,它们还有一个很好听的名字叫作"布玩偶"。

师: 这些布玩偶是怎么变身而来的呢!答案就在我们今天这节美术课中,今天我们就一起来学习制作有趣的布玩偶。

【设计意图:通过袜子、手套变玩偶的小魔术导入,激发学生的学习兴趣。】

二、新课

(一)观察、感受布玩偶的艺术特点

师: 布玩偶的家族有很多成员,有传统民间布玩偶,也有同学熟悉的现代布玩偶,袜子和手套玩偶是其中的一种,人们根据袜子和手套的外观造型、颜色图案展开想象,设计制作出来了手套玩偶和袜子玩偶。(PPT 出示手套、袜子玩偶图片)这些布玩偶造型生动、有趣,色彩丰富,做工精美,摸起来特别柔软,萌萌的超级可爱,同学们,想不想也亲手做一个这样的小布偶?(PPT 出示手套、袜子玩偶图片)

【设计意图:欣赏评述布玩偶,感受袜子、手套玩偶特有的魅力。】

(二)脑洞大开,超级变变变

师: 要想设计制作出一个有趣的袜子手套玩偶,首先得具备丰富的想象力,那到底怎么展开联想呢?我们来玩一个超级变变变的小游戏。

1. 手套变变变(PPT 演示)

2. 袜子变变变

师: 刚刚我们看了手套变变,那袜子又可以怎么变呢?我们来看一段视频(插入视频)。

3. 老师示范(摄像机拉近镜头现场做)

师: 刚刚的袜子变变变是不是很有趣啊,老师这有只长袜子,我把手套进去,你们觉得像什么?老师把手指头动动,是不是像只大公鸡!看看另外一只袜子又像什么?我们来给它变变身吧!我现在在脚底板这里贴一块红色小布,给它头上加上一些毛线或者绳子,粘上 2 个毛球当眼睛,一个袜子玩偶就这样迅速地完成了。

师： 是不是很简单？来让它俩跟大家打个招呼吧，再让它们一起来逗逗趣。

【设计意图：通过游戏、趣味视频、教师现场快速示范和表演，激发学生的想象力和创新能力。】

（三）探究布玩偶制作技法

师： 老师手里的这两个布玩偶都是用手塞进去，让它们立起来的，除了这种方法之外，还有什么方法可以使它们立起来，对了，还有一种最常见的往里面塞填充棉，你们看！这些布玩偶都是我们凤凰小学学生用塞棉花的方式制作出来的，今天我还特意把它们带到了现场，我把它们挂到黑板上。

师： 是不是很可爱啊，老师在它们其中随便挑选一个兔子玩偶，我们一起来研究它到底是用了哪些手工技法制作出来的？不着急，我们先来看一段小视频，在视频中你可以找到答案。（插入兔子玩偶制作微课视频）

师： 考考你们刚刚视频中，制作这只兔子玩偶都用了哪些方法？（PPT图片）

裁剪： 剪刀裁剪。

缝制： 简单的针线缝制，懂得针线缝制的同学可以用针线缝制，不懂的可以请教妈妈。

填充： 家里有填充棉的就用填充棉，因为它细腻柔软，如果没有，我们可以用大米或者豆类代替。

捆扎： 可以用漂亮的绳子、彩带或者橡皮筋捆扎起来。

粘贴： 需要重点讲一下，做布类手工一般常用手工专用不干胶，但是这类胶估计很多同学家里不一定有。在古代人们没有现在这么先进的胶水，他们做布类手工就用黏稠的米汤或者面糊来粘贴，老师建议同学们可以试试用软米饭来粘，当然，我还可以把要粘贴的东西用针线缝制上去。

【设计意图：借助微课，引导学生进行自主的探究性学习，初步了解布玩偶常用的制作方法。】

（四）微课示范

师： 刚刚老师给同学们介绍的 5 种方法，都是做布玩偶常用的方法，但并不是每个布玩偶都同时要用上这 5 种方法。考虑到大部分同学还是第一次接触布玩偶，可能对用针线缝制还不太熟练，或者是工具材料还不够齐全，那还有没有更加快速简便的方法呢？接下来，袁老师要教大家几个超级简单的，不用针线缝制的，一学就会的制作技巧，可要看仔细哟。

插入免针线缝制微课视频： 小兔子、小雪人、小企鹅；小马、毛毛虫；手套（母鸡）

【设计意图：结合学生零基础的实际情况，将一些快速易学的制作技巧通过微课视频传授给学生，消除学生的畏难心理，激发其探究兴趣。】

三、布置学习任务

师： 同学们，刚刚老师示范的几种制作方法是不是比较容易掌握？你们是不是迫不及待地想试一试了，我们今天的任务就巧妙地利用袜子或者手套设计制作一个立体布玩偶。

师： 现在我们中场休息 5 分钟，同学们可以在家准备相关材料，只要是家里能找到的，能用上的材料都可以用。

四、休息 5 分钟引入课堂

师： 欢迎回到"趣味布玩偶"美术课堂，同学们的主要材料都准备好了，没有准备好也没有关系，我们可以认真观看，把制作重点记录下来，等我们搜集齐了材料再制作。

师： 由于大部分同学都还是第一次制作布玩偶，尤其是我们的小男生，可能还觉得有一点点小困难，袁老师特意录制了一小段学生课堂上制作布玩偶的视频，我们来看看他们是怎么做的。

（插入学生制作视频）

【设计意图：插入"学生创作"视频，进一步激发学生的创作欲。】

五、学生动手制作

师：看到他们制作的布玩偶，你们是不是也很想动手制作了，我们来看一下作业要求（PPT）好了，我们现在就开始动手制作吧！（学生在制作过程中循环播放玩偶参考图片）

【设计意图：提出作业要求。】

六、评价小结

师：时间到了，袁老师刚刚收到了几个同学发来的作品照片，我们一起欣赏。

师：老师觉得中间这个虽然很简单，但是很有创意；左边这个袜子玩偶是女同学和妈妈一起合作，做工特别精致；右边小黄人造型生动有趣。（PPT图片）

师：同学们真厉害，在这么短的时间内变废物为宝，把这些普通的旧袜子和手套变得有生命了。你们知道吗？早在很多年前中国就有了布玩偶制作，民间艺人还别出心裁地把布玩偶搬上了舞台，配上音乐和台词进行表演，老师今天没法把民间艺人请过来，但是我请来了一群小朋友，你们看！（插入学生表演视频）他们表演得是不是很有趣？没有完成的同学，课后继续把它们完成，当你在制作的过程中遇到困难时，你们可以请教你的妈妈或者奶奶、外婆，她们可是布玩偶制作高手，你们也可以一家人来一场有趣的布玩偶表演，舞台已经为你们搭建好了，期待你们精彩的表演。

【设计意图：引导学生对作品进行自主评价，同时进行拓展性的学习，使学生体会到布艺手工创作的乐趣。】

（案例提供：袁满娥）

此课是岭南版美术第八册第六单元的内容，它最大亮点是让学生充分利用手套、袜子的形态与材质，通过所学的方法进行各式各样的立体造型创作，感受美术设计与生活、社会结合的关系，提高审美和造型能力，培养热爱生活的情感，增强学生的环保意识。

中年段学生形象思维十分活跃，想象力丰富，语言和行为欢快，好奇心强，基本能够自主学习，适合动手实践与创作相结合的教学活动。这节课围绕"能根据手套、袜子的形状、色彩，设计和制作出有趣、有创意的动物、人物立体造型。在观察中了解布玩偶的造型规律，学习制作技巧。在制作中发展空间思维能力及立体造型能力，培养良好的学习行为习惯。培养变废为美的意识与能力，达到在生活中发现美、表现美、创造美"的目标，突出"激发学生对意象立体造型游戏的兴趣，感受材质的特性及学习选材构思方法及搭配颜色的方法"的教学重难点。教师提前引导学生做好课前准备，让学生收集准备袜子或手套、填充棉（也可用大米或者豆类代替）、酒精胶或者热熔胶等各种生活材料。因为材料和学生的生活紧密相关，因此学生很有兴趣去参与，而且也非常适合疫情期间居家学习。这和 4 年前她上的《趣味布玩偶》有所不同，由于《趣味布玩偶》这堂课涉及的知识面较宽，老师精讲重难点、制作步骤和创意方法，让学生有充分的实践进行创作。教学效果非常好！

一堂好课总能够让人如沐春风，叹为观止。教学是一门遗憾的艺术，一节课无论我们怎样预设教学活动的各个环节，都不可能做到完美无缺，总是会让授课老师留下或多或少的遗憾。但正是这种遗憾才能够真正激励老师们不断反思和调整，不断提升素养和学识，以便今后能轻松应对各种教育教学上的挑战。

第三节　色

【教学实录（案例）举隅评析】：《京剧脸谱》（校本课程）

教学过程：

一、游戏导入

师： 京剧是我国国粹，是我国传统艺术的瑰宝，带学生继续走近传统戏曲人物感受京剧的魅力。观看学生表演。

生： 掌声……

师： 一起欣赏四大行当的扮相。（出示生旦净丑的图片）仔细观察他们是哪个角色？

生： 生、旦、净、丑。

师： 最夸张的净角是哪个？谁会表演？

净角又称"大花脸"，由图片转入真人秀（净角表演），引导学生认真观察净角的化妆之美，脸谱勾画程序最烦琐图案色彩最丰富，引导学生一起研究脸谱。（板书小标题京剧脸谱）

【设计理念：学生通过观看同伴的表演，观察并感受传统京剧的艺术魅力，体会脸谱迷人的图案和色彩的变化，同时引起学生对人物个性特点的好奇心，激发学生的学习兴趣。】

二、欣赏探究

（一）图像识读，探究学习

师： 刚才我们观看同学的表演，你们发现了其中的奥秘吗？

生： 由唱腔和动作来区别人物角色的关系，而京剧脸谱由迷幻的色彩和复杂的图案构成人物个性的独特性。

师： 出示一张可移动的脸谱图片。咱们一起来研究京剧脸谱的色彩和图案。脸谱的色彩有一定的含义，它是角色和性格品质的标识，塑造人物的性格特征，你们感觉一下（移出关羽脸谱色彩来），红脸代表什么个性？观察并说出自己的感受。

生： 赤胆忠心。

师： 再如关羽，还有白脸、黑脸、蓝脸等。脸谱中的图案也非常丰富，探讨对称图案、夸张五官部位和面部纹理。五官部位的花纹，大体分为额头图、眉形图、眼眶图、鼻窝图、嘴叉图和嘴下图。对比脸谱得出谱式有整脸和三块瓦脸，说说特点。

生： 整脸是简单地勾画出眉、眼、鼻、口的纹理，不勾花纹；三块瓦脸更突出眉、眼、鼻、口的纹样，勾花纹（师移出关羽脸谱图案）。

师： 下面我们一起了解脸谱的图案和色彩的含义（看课件介绍脸谱图案和色彩）。

【设计理念：通过全员参与，师生交流，进行图像识读审美判断，观察、对比、探讨得出京剧脸谱的图案和色彩的含义，感受色彩和图案的变化，体会人物的个性特点，让学生在学习过程中获得成功的喜悦和情感体验，激发学生的探知欲。】

（二）微课示范，熟悉技能

（游戏1）**师：** 拼一拼，师生互动，这里有图案和色彩，请上来拼一拼。

（游戏2）**师：** 师示范画面具脸谱。看看老师是先画什么再画什么？然后思考一下涂色的方法。夸大五官部位，如眼睛图在眼睛周围画蝴蝶图也可以画蝙蝠图、眉形图、额头图、鼻窝图。嘴叉图和嘴下图，涂色可以用水粉笔或水彩笔，多勾些花纹，变三块瓦脸了，一起看看画脸谱的步骤吧。（微视频展示画脸谱的步骤）

【设计理念：通过师生互动，使学生更进一步认识京剧脸谱图案的造型和色彩之美，为如何描绘和创作京剧脸谱打下了基础，培养学生自主发现自主探索获取知识，激发学生的创作兴趣。】

三、创作点评

（一）创想实践、美术表现 —— 画脸谱，学生作画老师指导

师： 想不想给自己设计一款独特的脸谱？你们每个人桌上有平板电脑可以选择你喜欢的脸谱参考，也可以进行脸谱创新。请注意步骤和方法。（播放《唱脸谱》轻音乐）

【设计理念：学生快乐体验学习过程。学生根据自己的喜爱选择个性脸谱完成作品，学生大胆创作，享受作画过程。充分满足孩子的个性需求使他们的创作和情感得到最大的宣泄。】

（二）审美判断、个性评价 —— 评脸谱

师： 看看你们画得怎么样？（传作品到云课室展示学生的作品）谁来评价一下他的脸谱，他画的是谁？

生： ……

师： "典韦、曹操、窦尔敦"个性特点是怎样的？这个脸谱以什么颜色为主？

生： ……

师： 你来说说你喜欢谁的作品？为什么？

生： 色彩鲜明个性突出，整体感好。

师： 他的作品夸大五官部位和面部纹理，画的是脸谱里的哪种谱式呢？

生： 三块瓦脸。

师：你能说说三块瓦脸的特点吗？

生："三块瓦脸"是用夸张眉、眼和鼻窝的手法，使额部和两颊呈现出三块明显的主色，平整得像三块瓦片。

【设计理念：学生通过作品展览，自主评价和互相评价，相互欣赏、交流鼓励，大胆发表自己的见解和审美倾向，提升自己的表达能力和审美能力。】

（三）创想实践、美术表现 —— 贴头饰

每组合作（把上节课设计好的头饰粘贴在脸谱上），（微视频展示贴头饰步骤），每组派一个代表展示你们的作品。

【设计理念：培养合作交流的意识，体验创作乐趣。】

（四）文化理解、情感渗透 —— 演脸谱

师：请每组代表戴上自己的脸谱展示，全班同学戴上自己亲手做的脸谱唱着音乐课学的一首《说唱脸谱》的歌来感受京剧艺术的魅力！

【设计理念：感受京剧文化的魅力，培养学生热爱京剧和继承民族优秀文化遗产的情感。】

四、小结拓展

师：非常开心的一节课，今天你们学会了什么？

生：画脸谱、了解京剧脸谱的个性特点，能分辨出这个角色的善恶，感受京剧的魅力。

师：京剧还有很多内涵需要我们去挖掘，今天研究了净角，下节课学习怎样描绘生、旦、丑的角色好不好？掌声有请自愿上讲台表演生、旦、丑角色，带着愉快的心情下课！

【设计理念：学生通过参与表演的方式，更深入学习和感受传统戏曲人物的文化精粹。】

（案例提供：葛璠）

该课是"造型·表现"领域民间美术传统文化的课程，是《走近传统戏曲人物》的拓展延伸课，有着深厚的文化和丰富的实用美术知识内容。京剧是中华民族艺术中的瑰宝，是我国的国粹。京剧脸谱以浓烈的色彩，图案的变化以及鲜明的艺术风格之魅力，吸引学生的好奇心。此课主要通过与学生的互动交流及京剧表演，使学生在学习过程中深入了解我国国粹的精彩，同时学会用绘画及手工制作的方式表现脸谱面具。

了解京剧脸谱的图案和色彩的含义。对于六年级的学生来说，是有一定的理解和表现能力的，老师确定"了解我国传统戏曲表演艺术的种类，认识京剧四大行当的造型与角色的特点，脸谱的图案和色彩的表现含义。初步掌握脸谱绘画及设计头饰的基本方法和步骤，通过对脸谱的认识从而热爱京剧，弘扬民族文化，培养学生的民族自豪感和自信心。启发学生多种感官和学习形式来综合感受脸谱的魅力"的教学目标，以及"京剧脸谱的图案和色彩表现方法和含义，制作方法步骤，培养学生对祖国传统艺术的认识和热爱的情感及热爱京剧和继承民族优秀文化遗产的情感意识，自主探究美术与人文、美术与传统文化的关系"的教学重难点，课堂旨在引导学生探究传统戏曲人物的京剧脸谱的特点及文化内涵，通过欣赏、观察、体验、感受、表演一系列的活动设计，感受京剧脸谱的魅力。了解多种艺术媒材的表现，运用多种材料进行平面与立体的创作与装饰，培养孩子对艺术的追求与热爱，从而去创造美。

为了能使学生注意力集中，教师以京剧表演视频引出主题，接着欣赏四大行当的扮相图片，认识最有特色的"净角"，再请学生表演"净角"，通过观看同伴的表演，让学生观察并感受传统京剧的艺术魅力，观察到脸谱迷人的图案和色彩的变化，领悟出脸谱在京剧中的重要性。初步认识，京剧脸谱是一种化妆艺术，认识脸谱的图案和色彩代表不同性格特征的含义，如红脸的关公、黑脸的包拯、白脸的曹操等，根据不同角色的脸谱色彩进行人物性格、特征、舞台功能的分类。引导学生学习"净角"的整脸和三块瓦脸，通过拼一拼脸谱图案和色彩，让学生进一步解决重难点。学生通过观看老师示范画脸谱的步骤，以及学生自己进行创作和评价同伴作品，并分组合作给脸谱粘头饰，最后戴上脸谱头饰表演、展示作品，这个过程中，教师只是起着引导和启发的作用，这样的课堂充分体现了学生自主发现和探究新知识，将学生创新精神和实践能力、个性审美发挥到极致，教学目标轻松达到，教学难点轻松突破，教学效果非常好。

　　课堂立足中国传统文化精粹，让学生充分体验到传统京剧的魅力，同时也能尽情发挥出学生的聪明智慧挖掘京剧文化内涵，拓宽了学生的文化传承的视野。教师的教与学生的学在此节课中发挥得恰到好处，为从 40 分钟的常态课堂走向精彩宽广的实践拓展课堂提供了很好的借鉴和依据。对学生来说既发展了学生个性化展示，也提高了学生的个性审美情趣，对课堂上来说既使用视觉类素材，又体现了文本和生命价值。对教师而言既得到了个性发挥和专业提升又能增加知识链的教学渗透。亮点体现在学生会画脸谱的同时还能表演京剧的精粹，孩子们其乐融融！

【教学实录（案例）举隅评析】：《漂亮的挂盘》

教学过程：

一、实物导入 — 明确目标 — 引发思维

师：老师带来了一样礼物给大家，想看看吗？展示挂盘。有谁能说出它的名称？

生 1：装菜的盘子。

生 2：挂盘。

师：对，它叫艺术挂盘。它是我国民间美术中的一种艺术表现，和我们的生活息息相关。用挂盘来装菜，可以吗？把装菜的盘子装饰在墙面上？

生：……

生：菜盘子主要用来装菜用，艺术挂盘主要用来装饰、美化居室。

师：不知道会怎样……我们先来比较"菜盘子"和"艺术挂盘"有什么不同的功能和审美特点吧。

师：我家要装修，我做好了设计图，一起来看看。展示图片。我用挂盘装饰我的家，主要装饰在什么位置？如果没有这个挂盘的设计，你们觉得怎样？

生：……

师：同学说得对。今天我就和大家一起来学习怎样设计"挂盘"。展示课题"漂亮的挂盘"。

【设计意图：通过观察、比较，引导学生懂得什么是艺术挂盘，并带着兴趣进入学习。】

二、引导欣赏作品，比较"均齐式"和"平衡式"的不同特点，探究出两种结构设计的基本方法

师： 展示"均齐式"和"平衡式"挂盘实物照片。请小组讨论两种设计形式的相同点和不同点。你是怎么判断的？

生1： 共同点——都有装饰效果，不同点——"均齐式"是对称设计，"平衡式"是不对称地、自由地构图。

师： 欣赏"均齐式"挂盘的图片，学生说一说"均齐式"挂盘给自己的感觉。说出自己的发现，归纳出"均齐式"挂盘的几种形式及特点。

生2： ……

师： 一起来归纳：①相同点（构图饱满、形象夸张、变形）；②不同点："均齐式"（对称、回旋、辐射等）是一种对称的构图形式，"平衡式"是一种比较自由的构图形式。

师： 考一考大家，看看大家掌握得怎样？区分"均齐式"和"平衡式"的艺术挂盘。展示图片。请说出哪个是"均齐式"，哪个是"平衡式"的艺术挂盘？

生： 图1"均齐式"，图2是"平衡式"。

师： 我在自己的衣服上贴几个图案，请分析一下，哪种方式是"均齐式"？哪种是"平衡式"？

生： ……

师： 在生活中，有很多地方会用到这两种装饰图案。一起看看这些图片。（展示图片）

生1： 老师，可以用这两种不同的方式来设计同一个艺术挂盘……

生2： 艺术挂盘不一定是圆形的吧？

生3： 图案设计只有这两种方式吗？

师： 你们的问题提得非常好！大家认为呢？

生： ……

师：接下来学习之后我们再来讨论。

【设计意图：引导学生主动质疑、探究，训练学生学会学习、学会归纳总结的方法。】

三、尝试与探索

师：我们来找找，生活中会不会有其他形状的挂盘？看了那么多的艺术挂盘，都是圆形的，除此，还可以是什么形状的呢？

生：方形、菱形……

师：根据学生的回答，展示各种形状的挂盘。其实挂盘有各种形状的设计。接下来一起做个小游戏：根据挂盘的形状寻找适合的纹样。请一位同学上来和老师一起完成这幅瓶贴设计图。

【设计意图：通过游戏，明白在设计挂盘图案时，要考虑挂盘的形状。】

师：那么，可以有怎样题材的图案设计？大家看这些都是什么题材的图案？

生：动物、花卉等。

师：你们还能想到其他的题材吗？

生：植物、人物、景物、传统图案等。

师：想不想自己设计一个挂盘，试一试？我在家已经设计了一个，看看我是怎样设计的。请仔细观看视频，看完后回答我的几个问题。设计制作方法步骤怎样？我用的工具有哪些？采用的是哪种形式进行设计的？运用了哪些色彩？给人产生什么视觉效果？（播放设计制作过程的微课）

生：制作手法、步骤：确定挂盘的形状，想好了图案，最常用的是用绘画的方式直接在挂盘上画，给一个空白的纸盘，先构思，再选择制作手法进行制作，最后整理画面……

师：出示学生作品。了解了那么多的艺术挂盘的知识，同学们一定很想马上制作艺术挂盘了吧？

【设计意图：在尝试与探索过程中，学生通过观察与思考，发现设计挂盘要根据其形状选择适合的题材和制作手法。用词语描述自己的观察与想象。在步步深入的自主探究中解决学习过程中的问题。】

四、布置作业

师： 每一小组运用今天所学的"均齐式"和"平衡式"构图，设计两个挂盘。注意构图饱满、形象鲜明、色彩对比强烈、与众不同。表现出自己喜欢的挂盘；做完把作品挂到展示板上。

五、创作与表现

讨论小组想设计的漂亮挂盘。以四人小组为单位，合理分工进行制作。教师辅导。

六、评价小结

师： 哇，大家的作品都非常有创意，色彩很鲜亮。谁来说说自己的作品？告诉大家你是怎样思考的？又是怎样创作完成的？说说自己在设计过程中的想法以及对作品的理解和感受。再说说别人的作品给自己的感受。

生： ……

师： 除了绘画形式，还有什么手法可以表现艺术挂盘的设计呢？

生： 贴纸法、泥塑法、粘贴实物法等。

师： 希望课后同学们能尝试着不同材料、工具去设计创作艺术挂盘，用自己创作的漂亮挂盘装饰自己的房间。今天的课就上到这里，下次课再见。

（案例提供：魏虹）

　　盘子原本是盛放食物的器皿，但是随着能工巧匠精致的手工制作，人们渐渐觉得精美的盘子不应该仅仅只是放在餐桌上，而将它们挂在墙上。久而久之，挂盘就成了家居装饰物，是一种悬挂起来供欣赏的陈设瓷盘。在圆形、方形、菱形等不同形体上绘出人们喜闻乐见的景物。此课引导学生设计艺术挂盘，目的是让学生进一步感受"美术与生活"的关系，学会运用"适合纹样"装饰挂盘，培养学生欣赏美与创造美的能力。本课教学内容分为两部分。第一部分是比较欣赏中西方不同风格的挂盘，认识"适合纹样"；第二部分是介绍挂盘设计的步骤。引导学生感受"平衡式"中国彩绘动物瓷盘的形式美、创造美；比较欣赏"均齐式"的适合纹样图案设计的彩绘和陶盘艺术。老师在知识与技能上主要关注引导学生认识挂盘的功能与艺术性，感知均齐式、平衡式的图案设计，基本掌握"均齐式"或"平衡式"纹样装饰挂盘的设计步骤方法。教学过程中老师采用了对比教学的方法引导学生在"比较"中体会"平衡式""均齐式"的美感形式及不同点，体会色彩单纯、明快的美，体会夸张、变形的手法；在"选择与创作"中，感受各种材料、题材和形状不同的设计与制作方法以及不同的美感，体会"变废为美"的乐趣。学生在一种快乐的气氛中轻松解决了"运用'均齐式'或'平衡式'的纹样设计装饰挂盘，根据挂盘的形状，选择适合的纹样和手段去装饰它"的重难点。而在这个过程中，老师始终把握着"欣赏形式多样的美丽挂盘、尝试用各种材料制作挂盘"的学生兴趣点，巧妙引导学生在主动思考主动探究中寻找答案。

【教学实录（案例）举隅评析】：《快餐美食店》

教学过程：

一、情境导入

师：同学们，这几天老师总是在发愁，知道为什么吗？

生：……

师：老师刚开了一家"快餐美食店"还缺一些帮手和一些美味的食品，你们愿不愿意给我帮帮忙呢？（出示课题"快餐美食店"）

【设计理念：让学生感受到老师一样需要认同和鼓励，希望被关注。激发起学生"我能行"能帮助别人的自豪感，让孩子们带着"我能为别人解决困难"这种被需要的认同感，激发孩子的兴趣，提高学生参与的积极性，为下一步的教学做好充分的准备。】

二、欣赏发现（介绍美食）

师：（课件）欢迎来到"快餐美食店"！

（一）欣赏美食图片

师： 说起吃的，你们个个都是小行家啦，我们都喜欢选择好看又美味的食品，仔细观察，你觉得哪些食品吸引了你，你发现了什么特别的地方，选一个自己喜欢的说说……

生： 我喜欢那个，因为它的颜色很鲜艳……（课件：点击"形美""色美""花纹美"）

【设计理念：通过课件展示精美的食物，引导学生探究美食的特点，通过学生积极主动的学习讨论，提高学生的语言表达能力。让直观的食物图片丰富孩子们的视野，让孩子自己观察发现总结感受，激发灵感。培养孩子学会观察、学会发现细节，激发学生自主探究的热情。】

（二）继续欣赏美食

师： 在老师的这些图片中，你最喜欢哪一个？哪些地方吸引了你呢？

生： ……

师： 那些手艺高超的美食家经过精心的设计剖作，把圆、方等不同形状、不同色彩的点心组合在一起了，所以这些美食不但形状很有创意，色彩搭配得也非常美，还有美丽的花纹。板书：形美、色美、花纹美。

小结： 同学们观察得真仔细，发现了美食这么多的小秘密。很多同学都找到了自己最喜欢的食品，它们不但形状美、色彩美，还有美丽的花纹。

【设计理念：通过课件展示精美的食物，引导学生探究美食的特性，通过学生积极主动的探究学习，培养学生自主学习的能力，提高学生的语言表达能力。】

（三）欣赏学生作品

师： 咦，这又是什么美食啊，怎么和刚才的不一样呢？这些美食作品色彩有什么不同？

生： 淡淡的非常精致，色彩非常丰富，特别醒目，非常漂亮。

师： 说说自己最喜欢的美食，形、色、花纹有什么特别的。

生：……

学生畅谈美食……

【设计理念：强调创意是在观察、感悟基础上才会产生的，首先是从情感上产生共鸣，通过观察、闻一闻、尝一尝说感受，加深对食物的情感和理解，扩大知识面，达到师生、生生之间的互动影响，拉近生活与美术创作的关系。】

三、示范演示

师：看到这么多好吃的，老师也好想做个厨师，想吃什么就做什么，还可以做给家人和朋友吃。投影示范，跟着老师一起空手练习做美食的基本动作和步骤。

生：压、搓、捏、盘、粘、揉、划……

师：大家觉得老师的"美食店"里还需要增加哪些美食呢？现在特别期待同学们的帮忙！

【设计理念：进一步调动孩子的积极性，让他们感觉橡皮泥在老师的手里就像变魔术一样，从实物得到启发，激发学生的创作欲望。为创作阶段打下了坚实的基础。】

四、明确任务，开始创作

师：动手之前先听听美食家给小厨师们的建议吧！带着美食家给我们的建议，用你们灵巧的双手制作你们喜欢的美食吧！可以小组合作，也可以独立完成。我们比一比在规定的时间内谁完成得又快又好。（学生动手创作）

【设计理念：大胆尝试练习是一个探索、探究、积累经验的过程，是一个有优有劣的过程，充分激发一年级小朋友大胆表现，提高竞争意识，激发同学们的创意思维，学会合作。】

五、作品展示与评述

（一）将制作好的美食作品美观地摆放在托盘里或者放到货架上

（二）介绍自己制作的美食或选出你认为最好的作品进行评价

（三）请"美食家"们评出最特别的美食作品

小结： 今天同学们可帮了老师的大忙了，美食店的美食已经非常丰富了，制作
出了好多造型美观又有创意的美食，今天我们都是小小美食家。

【设计理念：培养合作意识，互助意识；提高鉴赏能力。培养学生自
主学习的能力，成为课堂的主人。通过和同伴交流并分享收获，增强学生
的自信心和自豪感。】

六、拓展

师： 每个同学都能做出有创意的美食，希望同学们互相分享赠送自己的美食。
在以后的生活中，我们也要多帮爸爸妈妈做自己拿手的美食，给妈妈当个
小帮手，做一名爱劳动的好孩子！

【设计理念：与亲人、朋友分享自己的作品，做自己力所能及的事，
突出了以美育人、以文化人的最终目的。】

（案例提供：赵云卿）

此课选材于岭南版小学美术一年级上册第三单元第八课《快餐美食店》第一课时，
属于"造型表现"学习领域。老师从学生实际生活经验出发，以"我与社会生活"
为切入点，主要是通过各种探究活动引导学生在角色扮演、想象、对比、体验等造
型游戏中发展观察力、感知力、造型力和合作力。观察美食的形状、色彩、花纹，
并根据其特点加以自由联想，通过揉、搓、捏、压、拧、卷、刻、划、粘、贴等方
法进行拼凑、组合，创造出新奇有趣的"快餐食物"立体造型。教师意在创设一个
情境，课堂开始就以"快餐美食店开张"寻找小帮手为由，激发学生的兴趣，提高

学生参与的积极性，使整个课堂在一个轻松愉快的氛围中进行，真正达到"玩中学，学中乐"的目的。知道"美食"与健康成长的关系，感受父母的爱，引导学生体验生活，从生活中学会观察、发现，促进学生动手的操作能力，培养他们热爱生活、关爱他人的行为习惯。营造富有生活气息的活动引发学生发现美的乐趣，并且关注中国饮食文化的情感意识。

《快餐美食店》随着赛课的结束拉上帷幕，几经修改渐趋完善，教师的教学水平也在老师们的听、评、改、磨的过程中有了质的飞跃。课因为"磨"发现了不足和缺憾，教学水平也因不足、缺憾在互助中进步和提升。孩子喜欢画画，更喜欢做手工，特别是橡皮泥对他们具有巨大的吸引力。民以食为天，每个人都喜欢好吃又好看的食物，特别是小孩子更是情有独钟。如何利用橡皮泥的魅力，更好地来激发学生对玩泥的兴趣，引导学生能在"玩中学，学中乐"的氛围中展开呢？引入部分，老师以"寻找小帮手"主线，通过店面展示空空的货架，让学生身临其境感受到老师很需要他们的帮忙，激发他们的自豪感，让孩子们带着"我能为别人解决困难"这种情感积极参与其中，为下一步的教学做了铺垫；与最初的设计"开门见山地提出老师开了一家快餐美食店，请同学们去参观"这种居高临下的方式相比，委婉生动了许多，给孩子们一种心理上的亲近感。

欣赏过程是至关重要的。学生的欣赏不只停留在"五颜六色、好看、很美"等这些词语笼统概括的表面现象，更多学生关心的是怎么好吃、什么味道。整堂课挺顺利，孩子们保持愉悦的心情，但总觉得不够深入、少些厚重感。如何才能引导学生去探究更深更细的东西，让欣赏真正体现存在的意义，围绕重难点逐一展开呢？如果深入引导进行探究，那么欣赏也仅限于走马观花、形同虚设，没有实际价值，就很容易流于一种形式。培养学生拥有一双善于观察、发现美的眼睛。教师没有以简单的讲解代替学生的感悟，而是通过比较、讨论等方法，引导学生体验、思考鉴别、判断，努力提高他们的审美情趣。比如，在引导学生探究发现美时，运用创造性的美术语言；开展探究性的学习，发表自己独特的见解；抓住时机步步深入地进行，引导学生发现美，哪里美？因为"美食"上面有什么才那么美？这样一问扣一问，教师不是牵着学生的鼻子走，教师起到了导向的作用，真正体现了学生是课堂的主体，学生是课堂的主人。

示范演示阶段，起初教师最担心的是一年级学生无法控制兴奋的情绪，不由自主地拿起橡皮泥动手做，乱成一团、失去方向，如果控制孩子们爱玩的天性，又似乎太死板啦！这也是某些低年级课上经常会出现的问题。根据第一次磨课的经验，把这个环节进行了修改，让学生跟着老师一起空手做动作，因为平时上课教师并没有这样尝试过，孩子们也觉得新鲜好玩儿，几乎是全体同学都跟着教师的动作大胆又夸张地做搓、压、揉、捏、刻等动作，虽然他们手上没有橡皮泥，可他们依然很愉快地自然地投入到"创作美食"的体验中。因为好玩自然就有了兴趣，也就不知不觉地主动参与其中，这样此课的重难点也就迎刃而解啦，整个课堂焕然一新、生动有趣。把"学"转成"玩"，教育的无痕让孩子们的学习变得有趣起来。

教学中重点、难点等繁杂内容，压、搓、捏、盘、粘、揉、划等技法，在示范中轻松解决，使课堂更加简练和精彩。教师在教学中注重对学生审美能力、自主探究能力的培养、小组合作精神的培养，体现了教师为主导、学生为主体的精神。课后拓展较好，知道"美食"与健康成长的关系，感恩父母，明白健康成长不偏食的道理，感受生活的美好与幸福。通过这次磨课活动，教师对教学结构的把握一步一步得到提升，有效地提高美术课堂教学效果。教师对教材的分析和理解更深入，不断从教学中认识新课标、理解新课标，了解学生的心理和年龄特征，选择更适合学生年龄段的有效的学习方式，营造民主、平等、和谐的学习氛围。教师鼓励学生进行综合性和探究性的学习，加强美术与其他学科的联系，与学生生活经验的联系，培养学生的综合思维和综合探究的能力。美术学习从单纯的技能、技巧层面提高到美术文化学习的层面，使学生通过美术学习，加深对文化历史的认识，加深艺术对社会作用的认识，树立正确的文化观价值观，这才是真正培养学生的艺术核心素养。

一堂课上得好坏不重要，重要的是能否从中得到启发，积累并吸取宝贵的经验。教师在教学中注重对学生审美能力、自主探究能力的培养，大胆鼓励学生尝试创作，克服了过去那种教师为主的教法，体现了教师为主导、学生为主体的精神。教学环节紧凑，语言和教态比较适合一年级学生。课堂教学化繁为简，以点带面，学生畅所欲言，能够大胆主动地表达自己的观点和想法。教学过程顺畅精彩、课堂互动积极有效、自主探究能力提高、教学环节紧凑、教学思路清晰、难易程度贴切学生年龄，达到了预期的学习目标。整个教学过程流畅自然，课堂气氛轻松愉快，作品完成情况较好。

【教学实录（案例）举隅评析】：《风筝的魅力》

教学过程：

一、课堂导入

师："春暖花开风筝季"，梁老师今天给大家带来的是一件传统的民间工艺品——风筝。让我们一起当一回"民间手艺人"，设计、制作一个美丽的风筝，相信在这个过程中会让我们感受到风筝的魅力！为什么说风筝有魅力呢？因为风筝是梁老师童年里的一段美好的回忆。说起我童年的风筝，那得从一张报纸说起：梁老师小时候没有买过风筝，每当要去放风筝的时候，我家那位"老艺人"，也就是我的父亲，便会随手拿起家里能用的材料"创作"起来。不一会儿工夫，我便拥有了我的专属风筝。最近，这位老艺人又重出江湖了！让我们来看看！（播放30秒微电影）

【设计意图：用教师自身的童年趣事作为课堂导入，让学生感受美术课源于生活。】

二、课堂发展

（一）欣赏

师：（展示手中的报纸风筝）怎么样？梁老师的报纸风筝还不错吧？既然报纸能做风筝，你们谁有灵感？还能用什么材料做风筝呢？

生1：老师，可以用卡纸做风筝吗？

生2：我觉得练习本里的纸也可以做。

师：你们说的这些材料都很不错。让我们再想想，家里面有哪些材料既能做风筝，又像报纸那样可以随时找到呢？

生：家里除了报纸，还有杂志！

师：是的，梁老师就是受到了报纸风筝的启发，于是在家里寻找了各种不同的材料做起了风筝。

展示 1：你们看，这是我用剪下来的杂志封面做成的风筝，还用一次性筷子做了风筝骨架呢！

展示 2：再看！这个是老师用塑料袋做成的风筝，后面用的是气球棍做成的骨架。

展示 3：这个你们猜？这又是什么材料呢？

生：这不是买玻璃杯的时候用到的包装纸吗？

师：是的，你没看错！这就是快递易碎物品时经常用到的包装纸！

展示 4：接下来很喜庆的一款风筝，这是老师用过年的红包拼接成的风筝。你们看，要是过年的时候把它用来装饰家里，是不是很有节日气氛呢？

生：是的！

【设计意图：引导学生欣赏利用生活中的废旧材料制作的风筝，让学生知道制作风筝实际上是没有那么难的，只要做个有心人，就一定能创作出自己喜欢的风筝。】

师：怎么样？看到了老师这些作品，相信同学们已经跃跃欲试了！先别急，我们的课才刚刚开始呢！接下来我们来继续了解"风筝"。其实在我国，有一个地方，被称为"风筝之都"，那里有很多的民间手艺人，下面让我们一起走进山东潍坊——（播放 2 分钟介绍视频）

师：原来，风筝有那么悠久的历史，而且做工精细，色彩鲜艳。但是你们知道吗，风筝除了具有娱乐性，其实它更具观赏性！（PPT 展示各种装饰性风筝图片）：在我国传统风筝的作品里，人们喜欢运用"鱼"的造型来设计，因为这寓意着"年年有余"。除此之外，燕子造型的风筝寓意着"喜上眉梢"。你们看，把这些制作精美的风筝装裱起来挂在家里成为一副装饰品，是不是别有一番风味呢？

【设计意图：引导学生欣赏传统风筝，了解中国传统风筝文化。】

师：那么，我们在家能做出这么漂亮的风筝吗？答案是可以的！

（二）教师示范

师：老师把传统风筝里的"扎、绘、糊、放"改变成为"绘、贴、系、赏"。首先，我们先来看最重要的一部分——"绘"。绘的形式有很多，我们来看一下老师给大家准备的作品吧。

展示1：同学们，你们谁能看出来，这个作品老师运用了什么方法来绘制呢？

生：这个是一个以"左右对称"的方式来绘制的风筝面。

师：你的眼睛真厉害！说得没错！

展示2：除了选择左右对称的图案来装饰风筝面，我们还可以选择卡通人物头像的图案来装饰。

师：同学们，你们还有什么好主意吗？

生：可以用我们经常使用的点和线来装饰吗？

展示3：当然可以啦！你能给我们示范一下吗？（学生用粗头马克笔直接添加线条和点装饰）。

师：太棒啦！让我们一起用掌声感谢这位同学！

展示4：受到了这位同学的启发，老师又想到了一种方法。你们还记得以前我们学过《缤纷的涂色游戏》吗？让我来试试！（用黑色粗头笔在白色风筝面上画出随意游走的线条，接着出示填充好颜色的作品。）

师：同学们，这样绘制出来的风筝面是不是也很醒目呢，你们喜欢吗？老师可是要用来装饰我自己的房间呢！接下来"贴系赏"又是怎么操作呢？让梁老师给大家完整地示范一遍吧！（播放微课）

师：（出示微课里完成的作品。）老师这次运用的是一种传说中的动物"龙"的形象来绘制我的风筝面。这样的风筝你们喜欢吗？我要把它挂起来装饰了！（在黑板上贴上挂钩，把风筝挂上去，让学生直接观赏到风筝的装饰效果。）看完了老师的微课，你们有什么想法呢？先动脑筋后动手，让我们用一分钟的时间来小组讨论一下：你打算用什么方法来绘制风筝面？

三、作业布置

师：好，老师知道你们一定有很多不错的主意。在动手创作之前，让我们来复习一下制作步骤吧：

绘：用喜欢的方式绘制风筝面。选用鲜艳的颜色。善用"点"和"线"。

贴：根据需要给风筝贴上尾巴。用透明胶在风筝的背面粘贴、固定好骨架。

系：用绳子固定十字骨架的中心。另一根绳子分别在骨架左右两端打结。

赏：在自己的房间选择合适的地方摆放装饰。

布置课堂练习：寻找家中可用于制作风筝的材料。绘制一个漂亮的风筝装饰自
己的房间。在制作过程中一定要安全使用剪刀。接下来是我们
的创作时间，同学们，动起来吧！

四、评价展示

教师在学生创作过程中选出 3 个不同绘制方法的优秀作品，并让学生自我介绍。

生 1：我的作品运用的是对称的方法来绘制的。我画的是一对双胞胎姐妹。而背
景是用"点"来装饰的。

生 2：我画的是我最喜欢的动漫英雄钢铁侠，因为钢铁侠能飞到天空，跟风筝是
一样的。

生 3：我用的是"点线组合"的方法，这次我用的是螺旋线和星星的组合。背景
用浅绿色填充，我觉得这样又简单又很小清新的感觉。

师：看到了你们这么棒的作品，老师觉得太高兴了。我们的作品一定能让自己
的房间增添美感的！今天，我们通过"风筝"给我们的生活带来了美感，
这不仅是风筝的魅力，更是艺术的魅力！希望以后的你们，都能成为"生
活的艺术家"！

（案例提供：梁咏琪）

风筝起源于中国，唐宋时期，风筝很快传入民间，成为人们休闲娱乐的玩具。
中国的风筝距今已有两千多年的历史。传统的中国风筝一般以吉祥寓意的图案来装
饰，大多是反映人们对美好生活向往和追求、寓意吉祥的图案。如"福寿双全""龙
凤呈祥""百蝶闹春""鲤鱼跳龙门""百鸟朝凤""连年有余""四季平安"等，
这些风筝都是表现着人们对美好生活的向往和憧憬。教师将中国传统的集民间艺术

民间娱乐于一身的风筝文化带入美术课堂，教师查阅了许多关于潍坊风筝的介绍视频，就像"旅游"一样，"走访"了许多民间工艺人的风筝工作坊。

此课是人教版小学美术五年级下册第十三课"设计·应用学习"领域。教师从生活的角度出发，引导学生欣赏、了解传统风筝的制作的全过程，让学生初步感受中国传统风筝所具有的独特魅力，教会学生寻找、运用适当的材料制作风筝，让学生感受中国民间工艺的博大精深，并能通过实践创新体验艺术给生活带来的快乐。

其实风筝创作教学是有些难度的，第一难：如何制作；第二难：材料讲究；第三难：如何制作一只能放飞的风筝？教师该如何把一件有趣的户外娱乐玩具，让它在室内也能发挥它同样的魅力呢？五年级的学生具备较强的动手能力和理解能力，但对风筝的认识局限于"户外娱乐玩具"，对于风筝的历史、文化背景是非常缺乏的。教师通过展示父亲为自己制作简易风筝玩具的一段视频，营造氛围了解风筝的历史、用途和制作方法，激发学生对我国传统民间艺术的热爱，培养学生的动手能力和善于运用美术知识装点生活的意识。围绕"学生学会从生活出发，认识、了解风筝的历史、用途及制作知识"重点和"风筝制作工艺的掌握和实践"难点，让学生能从生活的角度出发，关注、了解我国传统民间工艺的历史和文化背景，增进对祖国民间文化艺术的热爱；感受生活与艺术融合的同时，培养学生善于思考和动手实践的能力；通过分享教师的亲身经历、多媒体欣赏、教师示范及微课等方式进一步了解装饰性风筝的制作步骤及民间艺术的造型美及色彩特点。引导学生体验用自己作品装饰房间的乐趣，通过实践感受中国古典传承的同时，培养善于运用艺术装点生活的意识和能力。

记得和老师磨课时，她反思着说："当我看到民间手艺人们用小刀削着竹竿时，我就想：天哪，这工序，我该如何把它放到课堂？"正当我苦恼的时候，突然想起来了小时候爸爸给我做的风筝，一只由报纸和小竹竿做成的风筝。对……这是一只从家里东拿西凑的材料做出来的风筝。原来，生活用品竟然可以和我们的艺术创作那么息息相关。让我想起了"艺术源于生活"这句话。那么，我们课堂上的风筝制作，也可以联系生活？带着这个想法，我开始我的头脑风暴，寻找家中一系列可以制作风筝的材料，并进行尝试。很快，杂志封面、塑料袋、气球棍、一次性筷子，甚至过年用过的红包，都被我倒腾了出来。一晚上的工夫，它们都拥有了一个个有模有样的风筝造型。正当我暗自窃喜的时候，问题又来了……如何让它们放飞？这就得进行一个非常烦琐的工序，系绳子！系绳子对我来说，不难？但要在课堂上说清楚步骤和方法，教会每一个学生，那是很难。这时候萌生一个想法：风筝不飞，行不行？为了寻找方法，我不断地浏览各种风筝的介绍视频，当我看到潍坊风筝博物馆的介绍片，看到一个一个在橱窗里展示的漂亮风筝时，我立马决定，把课改成绘画类型的装饰性风筝。"鱼和熊掌不可兼得"，我们都知道，风筝能飞。可这节以"装饰性风筝"为主题的美术课，没有教授学生如何让你的风筝飞起来。我觉得是有遗憾的。但40分钟的美术课，如何让我们了解、认识风筝的同时，又能制作一只精美又能起飞的风筝呢？在这节课里，我给学生教授的风筝款式是运用十字骨架完成的菱形风筝。也就是所有风筝制作中的基础款。其实，在我国传统风筝里，还有很多不同形状、不同寓意、不同结构的风筝。虽然在本节课上，我所采用的是"十字骨架"风筝，对于小学生来说比较容易操作。但在欣赏环节中可以给学生介绍一些其他结构的风筝，拓展他们的思维。我给学生教授绘制风筝的方法有四种：一是对称的方法；二是卡通头像的方法；三是点线结合的方法；四是色块填充的方法。之所以采用这几种方法是基于小学美术基础课程的学习和运用，学生可以用学过的美术知识进行创作。但这四种方法都比较有"现代感"，与"传统"一词稍有距离。在欣赏环节中可多介绍几种比较常见的传统民间风筝，除课堂上提到的"年年有余""喜上眉梢"之外，还可以介绍"八仙过海""嫦娥奔月"等作品。我国传统手工艺品种类繁多，除风筝，还有皮影、木版年画、剪纸、刺绣等。在拓展环节可通过简短的视频认识不同的民间工艺，使学生对民间工艺更有兴趣，鼓励学生课后自主探索。希望学生能通过《风筝的魅力》一课感受我国传统民间工艺的魅力。

多么真实而朴素的想法。教师从设想到教学框架设计，再到活动环节设计，一刻都没有离开对"风筝"文化的研究和提炼，也更加没有离开对学生的研究和发现。这是作为一位美术一线教师必须具备的素养和能力。

第三章 创意空间研究与实践

素质教育发展到今天，美育工作的改革推进，给中小学学校建筑及教学空间提出了新的要求 —— 如何为培养具有创新能力、合作精神、自我获取新知识的能力的学生提供环境的支持。教学空间潜移默化的功能将对青少年行为发展起积极作用，因此创造一个良好的教学空间，对保证较高的教育质量，培养高素质的人才具有特别重要的意义。先进教育理念、教学模式发展要求相应的教学空间发展，我们应该找到教学模式与室内教学空间相结合点是当下学校教育遇到的瓶颈问题点，在我们尚未觉醒或是已经从中初步总结出适应新型教学模式的教学空间特点，给建构适应素质教育的室内教学空间提供一点借鉴。

　　相对适应素质教育的中小学教学空间或者说校园文化建设研究逐渐受到大家的关注，尤其在城市，中小学用地较为紧张的大环境下，城市中小学建筑教学空间逐步走向适应性设计方向，希望通过对现有中小学教学空间进行优化性和拓展性的思考，实现适应性设计，使学校教学空间在其生命周期中可持续性发展建设。这种独特的教育空间为学生提供了持续的动力，让孩子们能够全身心地投入到学习中，并对学习感到兴奋。然而，提供一个创造性的学习空间可不仅仅是更新课堂技术，优化课程架构及教学模式，还需唤醒和引领学生自主探究和创新的作品呈现，以实现课程、空间和人之间有效作用并形成系统化、一体化为方向，真正实现完善学生人格，树立学生德行品质的终极目标。

　　一个成功的、创造性的学习空间应该是灵活的空间，可任意调整，以满足和支持各种学习活动，允许学生自由移动、随意组合及分组，允许随意动手探索、制作和建造，把各种课程整合到一起，支持社交互动和发展、认知技能和发展、技术集成，为学生提供通过实例学习的机会，因此，有了正确的审美，一个创造性的学习空间不仅能影响大脑功能，还能积极地影响着学生在学校的感受，营造出一个支持学生成功的环境，这个创造性的学习空间就是我这里说的"创意空间"。

　　可喜的是，素质教育发展到今天，已有许多中小学校意识到了这一点，他们正在努力前行着，但也远远不够……

第一节　创意空间

　　儿童视觉认知规律与原始艺术、中古文化、民间艺术有着十分重要的联系，人们经过几百年的"视觉验证"之后，认识到"视错觉"其实还是自然人的一部分，也就是说人本身会具有"视错觉"。儿童画正处于二者之间，它自身的价值就在于这种"错觉"认知造成的现象。我认为以"画"为中心的辅导是不全面的，事实上"创造力"不是培养才产生的，"天才"也并不是被压抑就会失去。事实正好相反，创造力只是一种不一般思维的"思维品质"，它的核心是重新建构，因此空间的创建对于儿童创作过程至关重要，它是从儿童身心特点出发，基于适合的美术课程，为孩子提供实现最佳建构知识技能的平台和机会。空间艺术，实际上是运用"空间感"的艺术效果来进行"造型"，即根据透视原理，运用明暗、色彩的深浅和冷暖差别，来表现物体之间的远近层次关系，使人在平面作品上获得立体的、深度的空间感觉。装置是一种看起来与雕塑很相似的东西，不同的是，雕塑是用泥用石头用木头等等传统、正常的材料做出来的，而装置是用现成的物品或者废品甚至是不可描述的东西堆起来的，装置艺术是西方传过来的，这对现在儿童群体的艺术氛围营造创造了很好的条件。

　　长期的教育中，传统艺术作品在历史教材或美术教材已经形成了以具象为主的审美观念，当代艺术作品较少进入普及型教材，必须要到美术馆观看。这给我们的美术教育提出新的课题，怎样让我们的孩子在进行美术教学过程中既能学到教材上的内容，同时又能直观体验到空间的艺术魅力，这就需要学校对现有的空间进行全方位打造，这个空间应该是为课程和学生服务的，它是以专业教师为引领的，师生基于课程创建基础上而创建的，它可以定期更新改造，它是创意有趣的，它更是有教育内涵的。我们可以给它一个名词——学校艺术创意空间（艺术工作室）。

中小学学校艺术创意空间，特指以课程设置为基础，围绕美术学科的核心素养：图像识读、美术表现、审美判断、创意实践和文化理解，加上"综合艺术素质五种能力"，通过创意空间（或艺术空间）现场展示体现出学校美育教育的课程内涵。这个空间不仅仅展示学生课程学习的内容成果，还需展示通过学生的手制作出一系列的空间的维护守则，各个空间设计细节图，每件艺术作品的规格等内容，将学生的学习思想融进这个空间中，这个空间同时又是学生的创意劳作和创作的场所，又是一个非常有趣的艺术馆展厅。总之在这个创意空间中，学生可以自由地学习、实践，展示自己的创作成果，而这个空间同时又可以激发学生的创新思维和灵感。这就要求课程设置遵循学生发展的自然规律，尊重学生的个性，以美术为视角，强调情感自我表达和创造力共同发展。不割裂课程之间的关联、不割裂学生的年龄去进行创作、不割裂材料形式地去表现（主张综合材料绘画和手工）。学校的"创意空间"其实就是公共空间艺术与公共艺术空间的校园缩小版。

第二节 创意空间范例

以下列举的是学校创意空间创建及课程设置，仅供参考。

【范例一：珠海市香洲区第十五小学"民间艺术长廊"】

虽然很简陋，虽然还很稚嫩，十几年前，我和学校美术科的老师做了一件很普通但却又是一件非常有想法又大胆的事，创建当年珠海中小学界第一条"艺术长廊"，当时吸引了国外日本、韩国等同行们来珠考察，给珠海的学校教育注入了一丝新鲜的血液。

2005年初，珠海市香洲区第十五小学全体美术教师以"民间美术校本课程"为主要内容，开展"旧瓶换新颜""图腾娃娃面具""快乐剪纸"等美术校本课程教学实践研究。每天下午放学老师们就带领有兴趣参与创作的学生进行废旧物品的再创作活动，把学生收集来的可乐瓶、牛奶瓶、啤酒瓶等各种饮料空瓶进行图画、粘贴等，将其变废为宝，创造成色彩丰富、主题鲜明、装饰有趣的艺术品，并放置在空间的墙角、悬挂在墙壁和天花板，把学生收集的各种纸箱、纸板等进行面具创作，有很大的面具，也有用纸盘创作的图腾面具，可以图画，也可以拼贴、粘贴等，用多种综合材料进行再创造，将它们悬挂在空间外的走廊天花板、室内的墙面处，创建成了"珠海市香洲区第十五小学'艺术长廊'",也就是创意空间。

对于孩子们来说,"民间美术"是一处露天"金矿",为开采好这处"金矿",我带领学校美术科的老师们从学生实际出发,从营造民间美术环境入手,充分利用简单的废旧材料,带领学生创建了一个具有民间美术风格的"艺术长廊",这块阵地为体验和传承民间艺术提供了一个良好的场所;为了更好地利用好这一阵地,为更进一步实践新课程的教学理念,将校园文化建设得更好,当时我们还承办珠海市香洲区中小学美术"新课程艺术实践——校园文化建设"观摩教研活动,与兄弟学校的同行共同进行一次探讨、交流。现场我们对学校现有的教学资源进行分析,发现主要存在以下不足:学校由原五间小学校合并而成,无论从交通、人力、生源还是资金,学校都处在弱势。地处农村郊区,远离城市中心,交通不便。学生家庭环境差,学生素质较低,特别是学生在各校未合并之前从未受过专业美术教师的教育,对美术方面的知识知之甚少,这也给我们的艺术教育带来很大的阻力。但还是有些优势:学生淳朴,能吃苦耐劳,对新鲜事物充满好奇;有利的本土资源:梅溪牌坊、四大佛山、农科所等本土文化资源丰富。目前配备三名专职美术教师,校长及行政领导的鼎力支持,全体教师的积极配合。

人的素养决定一个民族的素养。而要提高人的素养,美育教育是关键,最不能忽视。怎样做才是做出最好的美育教育?我们认为,一定要做"接地气"的教育,联系学生的生活实际,主题从生活中来,材料从生活中来,创意从生活中来。我们集中制定一个详细的创作计划,分组实施。

(1)做好学生、家长、教师的动员工作。

(2)收集各类废品材料:废纸盒、废纸箱、矿泉水瓶、易拉罐、包装纸、废光盘、鸡蛋包装纸、尼龙包装绳等。

(3)老师带领学生对材料进行分类、清洗。

(4)三位老师充分利用课堂教学以及下午放学后的一个小时辅导学生进行艺术花瓶的制作,剪纸、面具、风铃的制作。

怎样挖掘、传承民间美术?怎样引导学生走进民间美术?"艺术长廊"给教师的教与学生的学提供了一个很好的契机。"艺术长廊"创作内容与不同年龄阶段的学生的情感和认知特征是相适应的。我们以活泼多样的教学形式,激发孩子们的学习兴趣，并使这种兴趣转化成持久的情感态度。

（1）创设视听化的学习环境。

多媒体平台，播放幻灯片和具有民间艺术特色的音乐等。学生在长廊可以欣赏到民族（民间）音乐、民族（民间）图片，经常会向老师提出一些相关的问题，有的自己在家上网收集了许多相关资料带到学校和其他同学分享，还有的同学主动创作一些作品带到学校，装点"艺术长廊"，非常令我们感动。

创意剪纸展示区、瓶子娃娃展示区、瓶艺展示区等。例如，许多的同学走进长廊，看见自己作品被展示出来，就会兴奋地向其他同学介绍自己的作品，孩子那充满自信和喜悦的笑脸让我们久久回味……

为了保持吸引力，每个学期，教师对这些作品进行部分替换或转换，或者添加一些新的形式内容。如，周小小同学带来许多以前的民间工艺品……她还写了几篇感人的日记……教师外出学习回来，带来了许多民族服饰，老师穿着民族服装走进教室给孩子们讲课，给孩子们带来了新鲜感，营造一个民间艺术的氛围。

（2）以教材为载体，将民间美术巧融其中，拓展艺术空间。

林老师上《创意龙》一课，结合我国民间文化，引导学生唱龙的歌曲，欣赏龙的图片，收集整理龙的民间游戏和活动，最后采用绘画、泥塑、剪纸拼贴和手工制作的方法进行龙的创意活动。比如上《童眼看世界》一课……我把自己在广西采集到的民间文化图片、苗族（侗族、壮族等）工艺品作为拓展学习部分，使学生产生浓厚的兴趣。赵云卿老师上的《面具》一课，将民族音乐和舞蹈贯穿在课堂中，将用各种材料制作面具作为拓展学习，比如，采用浮雕和剪贴结合的方式、采用剪纸和绘画的方式、采用折纸与其他美术形式相结合的方式创作面具等等。

【范例二：珠海市香洲区侨光小学"机绣"空间】

"电绘机绣课程"，是计算机技术与学校美术艺术完美结合的一项"互联网＋教育"的校本特色项目，致力于学生创造力、工匠精神的培养。电脑绘画是不同于一般的纸上绘画，它不但要掌握绘画的基础知识，还要掌握电脑软件的执行技巧，它是用电脑的手段和绘画技巧进行的创作活动。随着社会的发展和人们审美观念的提高，刺绣形式也在不断变化。科学技术的发展，使得电脑可以作为一种新的运针工具被运用到刺绣中，电脑刺绣使传统刺绣进入了机械化、数字化，并加快了制作过程，同时也推广了传统刺绣与电脑刺绣相结合的运用。电脑刺绣和传统工艺相比，博采一切刺绣优点，在突破刺绣平面化局限，追求立体化的效果方面具有更大优势。

侨光小学美术科的老师们根据新课标课改的要求，开发"电绘机绣"特色校本活动的课题研究，从小学低学段到高学段的美术教学，都进行了有关电脑绘画知识的教学，较好地奠定了学生的电脑美术知识基础，这样有助于学生创作出更好的电脑绘画作品。电脑绘画将绘画的基础知识和电脑软件的操作技巧有机相融，把学生丰富的想象力和创造激情顷刻间变为形象的画面，成功的喜悦中，网络资源的多样中，激发了学生的想象和灵感，提高了想象力和创新思维能力，培养了学习的热情、审美力和专注力。电脑绘画后的作品作为一种新的运用工具被运用到刺绣中，机器刺绣，解放人力，提高效率。使传统刺绣进入了机械化、数字化、实用化。结合生活创意，学生巧手匠心独运，许多生活机绣用品应运而生，精彩纷呈。老师们对学生的课程学习过程和成果进行了创意空间的设计。

【范例三：珠海市启雅幼儿园的"艺术空间"】

启雅幼儿园本着以"培养完整儿童、奠定幸福人生"为宗旨，以培养"健康、和谐、优雅、创造的世界小公民"为目标，深入实践"探究建构式园本"基础课程和"幼儿个性化"特色课程，不断地深化教育改革和教学实验。幼儿创意空间是一处看上去历史悠久且创意无限，让人脑洞大开的地方，从其陈列的作品不难看出创意美术室利用的充分及孩子和老师们的心灵手巧。它的课程设置遵循了孩子发展的自然规律，尊重了孩子的个性，以美术为视角，不割裂课程之间的关联、不割裂孩子的年龄去进行创作、不割裂材料形式的表现，强调情感自我表达和创造力共同发展。

【范例四：容闳学校（小学）创意空间及美术教育发展定位】

珠海容闳学校以《新生态理念下的艺术教育体系的探索、建构及其实践》为统领课题，以"唤醒·生命"优秀传统文化传承系列课程、优秀艺术教育传承系列课程为载体，从教育的生态化、艺术的生命化、课程的体系化、科研的学术化等方面彰显珠海容闳学校美育教育。创意空间的美术课程内容展示：美术"唤醒·生命"——优秀传统文化传承系列课程。通过陶艺馆、书法室、工艺坊、艺术楼道等创意空间展示皮影艺术、《胸中丘壑》水墨、画像砖、拓印、金工锻造、"玉猪龙"、封泥、陶印、书法、敦煌壁画、掐丝珐琅彩、木版年画等主题研究课程内容。通过普及优秀传统文化传承系列课程、优秀艺术教育传承系列课程的教学，发挥艺术教育的重要社会功能性，对学生进行人格养成教育，推进学校"唤醒·生命"课程的内涵发展。

容闳学校美术学科，以"艺术家办艺术教育"为自觉追求，拒绝以"技术"习得为目的的艺术教育，让艺术教育回归到儿童本身，回归到艺术本源，促进人格健全，打造容闳艺术教育品牌。

容闳美术、书法较为完善的校本课程体系：

（1）容闳美术必修课及选修课课程设置，包括三十项课程方案。

① 基础型课程：观察与写生、水墨、色彩、黑白木刻、油画棒、陶艺、泥塑、素描、中国画、硬笔书法、毛笔书法。

② 拓展型课程：剪纸、折纸、木工、金工、衍纸、篆刻、布艺制作、绘本创作、卡片设计、平面设计、春联书写、欣赏评述。

③ 研究型课程：拓印、综合材料实验、藏书票、掐丝工艺、马勺脸谱、传统家具研究、木版年画。

（2）丰富多彩的系列隐性课程：

① 美术、寒暑假创意作业（绘本制作、手工制作、摄影、旅行拼贴日记等）。

② 走进美术馆活动（面向全校每学期一次，走进美术馆参观）。

③ 校园环境与艺术教育。让校园的每个角落都彰显环境育人的理念。

④ 容闳美术公众微信平台。艺术教育知识普及和家长、社会获得艺术信息资源的重要渠道。

⑤ 家长美术课堂——家长、教工俱乐部。

（3）社会资源的开发及利用：充分利用美术馆、博物馆社区资源开展美术活动。充分利用华发集团公司资源，开展丰富多彩的美术社区活动。容闳学子写春联，温暖送到敬老院。充分利用学校校内资源，开展丰富多彩的比赛、展览活动。充分利用校园特有建筑特色及周边老城特色遗址，开展三富多彩的写生活动。"艺术课堂在路上"容闳美术与国际接轨的又一次开拓。

（4）社会影响：全国各大中小学校、美术专业院校、美术教育机构、美术教育权威人士多次前往我校参观交流，容闳美术也逐渐成为儿童美术教育研究、交流的有力平台。容闳美术、书法学生作品、教师作品、教师论文等多次在国家级、省级、市级刊物发表。

校园文化环境在常晓冰校长的带领下营造出充满艺术气息和文化品位的教育环境，给孩子们以艺术熏陶和美的享受，最大限度地发挥教育环境的育人功能。拟达成的主要目标根据学校生命教育要义及美术教育发展策略要求，形成较完善的美术教育课程体系及"专家型美术教育教师"培训体系，达到自然状态下的艺术融合、艺术参与、艺术愉悦和艺术传承目的，提升师生审美品质和学校美术教育品质，使容闳艺术教育健康优质发展。

（案例提供：容闳学校）

【范例五：珠海子图美术中心】

子图美术中心办学思路是"让孩子在艺术和自然里成长"。专为3岁以上儿童及成人创设各类美术课程，旨在透过美术表达自我，滋养心性。

文化理念："志于道，依于人，游于艺"。志于道：教育要合乎道。教育是关乎生命的，在道上行，我们就不至于走偏。我们要守道：要关爱生命，要谨言慎行，要善良向上。要清楚哪些事情能干，哪些事情不能干。依于人：每个孩子不同，性情不同，发展不同，美术教育不能一刀切。要从美术层面观察到心理去，要看到整个人，而不仅仅是一双手。要让孩子觉得：你懂他！游于艺：艺术创作应该是愉快的。只有愉悦的，孩子才愿意长期地泡在里面。关老师倡导的"通过美术教育培养心智"才能得以实现

教育理念：语言的产生源于交流，图像的视觉表达源于阐释"非语言"内心，美术教育旨在用美育方式影响孩子，将逻辑思维和思考力融入生活和学习，将"不

可说"的情绪和"如何说"的方法用图像呈现，通过丰富的视觉语言引导学生，表达自我、认识自我、理解自我、完善自我，从而让自己成为世界里的一点美好。

子图美术课程框架：工作室课堂＋自然课堂＋美术馆课堂＋专家课堂＋家长课堂

【范例六：中山市桂南学校】

在这个"唯恐落后，只争第一"的环境下，当我们领着孩子们一路狂奔到现在，我们是否停留下来想过，我们到底得到了什么？又失去了什么？

中山市的一个郊区有这么间学校——桂南学校，我想它能给我们带来不一样的思考……

桂南学校美术组成立于 2018 年 6 月。由艺术总监、环艺总监、课程总监带领 8 名专职美术教师负责全校 40 个教学班的美术教育工作。他们利用泥塑、综合绘画、综合材料、版画等四个工作室制度打破了当下美术课的形式。把每周两节 40 分钟每课时，合并为 90 分钟一个课时（学生可自行选择如厕的时间），有了课时保证，学生在工作室就有了充分的"欣赏、选材、制作、评鉴"系列完整创作过程。

从一年级到九年级，每个学生都会轮流在 4 个工作室体验并持续创作。当学生完整了解各种形式的艺术创作以后，他们可以自主选择某一种或几种更适合自己的形式去深究，如此一来就让艺术创作真正地融入学生的生活中，而不是仅仅上过美术课这么简单。

其中泥塑工作室：以泥为主要材料，附以传统和现代材料进行泥塑创作，作品在整个教学过程中只是学习成果的末端呈现。而泥塑教学的核心思想是让学生了解到不同泥料和不同的添加物是如何影响作品塑型的。当一堆无形的泥在学生手中变成一件件作品的时候，他们得到的不仅是这个作品，而更重要的是对过程的把握，不仅有工艺流程和技术的要求，更是在流程化制作影响下，潜移默化到他们的学习和生活中，从而影响学生如何去规划自己的学习时间和生活规律。

综合绘画工作室：以东西方平面绘画为主，包括素描、水彩、油画、速写、水墨、线描、工笔等。旨在通过各种平面绘画的鉴赏和体验让学生广泛接触绘画艺术，从而找到适合自己的绘画语言和形式。更重要的是学生通过大量不同形式的绘画实践，获得自我认知并通过绘画表达内心情感，促使学生于任何情境之中，都可以通过绘画来表达自己内心。

综合材料工作室：最好的教育是因材施教，最好的创作是因地制宜。教师引导学生发现身边的一根树枝、一片树叶、一块石子、一件旧衣服、一个易拉罐、一个胶袋……自然中的每一个可得之物和废弃物都是学生创作的素材。在创作中，大量欣赏现代艺术作品，引导学生通过粘、钉、磨、钻、缝、绣等不同技术技法，组合作品。并延伸至生活中的修补、针线、木工，甚至电工等技能。而这些技能都是在艺术创作过程中默默融入学生的身体里的。

版画工作室：版画的创作过程，就是一次精细的项目管理过程。从画稿、过稿、制版、刻制、印刷、签名………

学生画稿转印的精确度、制版流程的严谨度、每一次刻版力道的大小，每一次印刷时压力的大小，乃至每一笔用刀的选择，都会直接影响到最终作品的呈现。艺术经典是我们首推的教学重点，尤其木版画创作的过程，且不说同一块版，可以呈现出不同风格的作品，不断的实践更让学生体味艺术表达的过程随时都在变，如他们经历的刻制失误反而成就了一个更"美"的作品，此种经历难能可贵。学生每一次的版画（平版 / 纸版 / 漏版等）创作，收获的绝不仅是一件版画作品，更多的是对生活日常的启示，那种务必干净的制作流程、对待纸张的严谨态度、签名的国际规范要求，整个要求都促使他们转换为如何去面对生活中的点点滴滴，影响深远。

附桂南学校工作室教学设计 4 篇：

桂南学校美术课程教案
（版画室）

年级	八年级	备注
课题	《建筑写生》第三课时	
时间	2020 年 5 月 26 日	
教学方向 / 目的	1. 了解印制黑白木刻版画的步骤，尝试将上节课所刻画稿印制成画； 2. 在观察中感知印制画面的流程和注意事项，在实践中体验画、刻、印的乐趣； 3. 拓宽学生对艺术创作形式的认知，进一步培养学生对艺术创作的兴趣。	
材料	木板、刻刀、油墨、滚子、马莲、木蘑菇、刮刀、报纸、墨汁、墨碟、铅笔等	
形式	木刻版画	
技法 / 内容	印画 1. 上墨：把已调好的油墨，以油滚上下、左右来回滚动使油墨均匀地粘于油滚上，在版上均匀滚墨。注意油墨不可越滚越大，要保持在既定的范围内进行滚墨。 2. 磨印：将印好油墨的木板拿到座位处，居中放在桌面上垫着的 A4 参考纸面；然后以角对角边对边的方法，将宣纸对齐参考纸面覆盖在木板上，之后再用报纸覆盖于纸面上，注意纸放好后不可移动；最后用木蘑菇以螺旋线的方式进行摩擦拓印，直至纸背面均匀渗透出清晰的磨痕，方可将纸掀开。磨印完毕后，可压紧纸面后局部地掀开一角进行查看，如没有印实，可以继续磨压，直到满意为止。 3. 签名：参照参考纸面的作品信息书写格式，将自己的作品信息用铅笔书写于印好的画面。 4. 晾挂：将画纸一角的正反两面用废纸包裹住，然后用回形针挂于教室后面悬挂的黑绳上。	
重点 / 难点	重点：印 难点：墨量的控制	
资料（图片 / 视频）	1. 吴冠中水墨作品； 2. 戚单《打水浇地防旱备荒》； 3. 沙清泉《一棵麦子的成长》； 4. 珂勒惠支版画作品； 5. 石田彻也油画作品。	
课后问题 / 课后反思		

桂南学校美术课程教案

（泥塑工作室）

年级	八年级	备注
课题	器皿——碗	
时间	2020 年 5 月 26 日	
教学方向/目的	1. 通过泥塑制作的方式了解碗的结构构造。 2. 了解不同时期不同材质的碗具发展来激发学生的创意。 3. 通过欣赏创意作品和动手制作，培养学生对生活细节的观察能力，以及对物体的总结概括能力。	
材料	拳头大的陶泥、一张报纸、泥板、泥浆、毛笔、小喷壶、 泥弓、泥塑工具（竹签、塑刀）	
形式	泥塑（立体）	
技法/内容	1. 认识器皿——碗，区分钵、盘。 2. 讲解捏塑的技法：捏（重点）、卷、贴、刻、搓、压、切等。 3. 了解碗的造型，以及结构，口大腹深底小。（结构：碗口、碗腹、碗底、碗足）用最平常见到的碗（实物）的形状来讲解结构，请学生感受碗的薄厚变化。在基础的结构上再进行造型的创意，观看不同材质不同造型的图片。 4. 示范的时候手捏法，先捏出碗底以及一部分碗腹部分，边做边修，检查薄厚度以及开裂的情况。然后继续往上做高（要求：喷壶的高度），在做高的同时注意碗的结构上大下小。	
重点/难点	重点：通过陶泥来制作一个有实用性的碗 难点：在碗的结构上进行造型的创意以及碗腹的花纹肌理处理	
资料（图片/视频）	了解各个朝代的碗，例如，宋代的斗笠碗，明清时期的草帽碗。	
课后问题/课后反思		

桂南学校美术课程教案

（综合材料工作室）

年级	八年级	备注
课题	《壁挂》——编织	
时间	2020 年 5 月 26 日	
教学方向/ 目的	1.通过欣赏综合编织艺术作品，增强对综合材料编织的肌理感与立体感，感受不同材料的艺术表达。 2.通过平编、结织、辫编等形式结合不同质感的材料制作一个编织壁挂。在欣赏中开阔视野，拓宽与生活有联系的创新思路，同时提高学生的审美与观察能力。	
材料	剪刀、布条、线绳、树枝、竹片、纸条、废笔筒、干花、 上节课制作的编织架子	
形式	编织	
技法/内容	一、小游戏导入 通过触觉感受的小互动阐述触摸的感觉，并尝试说出这个物体（物体为生活中的废弃物）。 二、兴趣引入，揭示主题 1.揭示所有"神秘"的物体； 2.欣赏综合编织的图片，引导孩子尝试不同材料的结合。 三、教师示范 1.材料自取（根据自己作品选择自己需要的材料）； 2.回顾技法：捆、绕、绑、扎、结等。 （要求不同材料的复合使用与肌理制造） 三、师生点评 1.学生自评：简单点评优秀作品的优秀之处； 2.教师点评：部分学生相对欠缺的方面以及可改进的方向。	
重点/难点	重点：学会观察与感受不同材料的质感语言 难点：通过不同的材质结合与编织手法的结合，制作一个综合壁挂	
资料（图片 /视频）	1.编织肌理与形式； 2.不同材料的综合编织。	
课后问题/ 课后反思		

桂南学校美术课程教案

（综合绘画工作室）

年级	八年级	备注
课题	《香樟公园照片写生》	
时间	2020 年 5 月 26 日　第三周	
教学方向／目的	1.欣赏了解写生基本步骤与写生要领，培养学生对自然环境的感受力。 2.通过写生增强学生的观察能力及概括能力，并能用一笔墨深浅墨色对主、次物体进行区分。 3.体会理性思维与感性思维在绘画中的重要性。	
材料	小毛笔、16 开素描纸、墨碟、墨汁、毛毡、写生照片临本	
形式	照片写生	
技法／内容	1.画轮廓：先画主要物体，再画背景。 要求：①取景，确定我要画的主要物体，先画前面的再画后面的物体，注意遮挡关系，近大远小，近实远虚；用一笔墨来绘画，蘸一次墨画到画不出来再蘸第二次，这样就有墨色的变化；②用毛笔的中锋（笔尖）去画，线条不能粗于一粒米，用中锋行笔；③整体画，不能死抠局部；④线条要流畅、肯定，不来回描。 2.画树参考芥子园画谱方法，先立杆再分枝后画叶。 3.建筑装饰：运用光线的明暗关系，用线的形式去表达，线的疏密、粗细、方向不同等方式去装饰。	
重点／难点	重点：取景与线的表现 难点：在实际绘画中要懂得理性与感性的结合	
资料（图片／视频）	香樟公园照片；凡•高的素描作品；芥子园树谱、房屋作品；梁思成建筑作品。	
课后问题／课后反思		

（案例提供：中山桂南学校）

第四章　『型』『色』课题及特色课程

第一节 民间刺绣

课题：小学六年级民间绣片欣赏课教学实践研究

一、问题的提出

现代社会的高科技信息已经紧紧包围着学生，学生对于中国传统文化的关注和传承意识非常淡薄，特别是对民间美术中的元素（图像）的欣赏与认识非常欠缺。《2011 版美术新课标》中提到，美术课程以社会主义核心价值体系为导向，弘扬优秀的中华传统文化，力求体现素质教育的要求。广东是一个民族成分齐全的省份，据统计，广东省除汉族外，还有 55 个少数民族。少数民族人口 127 万人，占广东省总人口 8642 万人的 1.47%，其中壮、瑶、土家、苗、侗等 5 个民族人口有 1061537 人，占少数民族总人口的 86%。这给我们研究课题提供了丰富的资源选择。民族服饰上的刺绣与学生生活比较接近，是在生活中比较容易收集的传统文化实物素材。在小学阶段，六年级学生的认知水平和理解能力相对会高些，对于民间刺绣研究的效果会更加明显和有效。因此我以"广东壮、苗两个主要少数民族刺绣"作为一个小切入口，以"广东民族刺绣图案欣赏课教学"为抓手，引导小学六年级学生对民族绣片图案的形、色、题材等进行研究，来提高学生的传统民族图案欣赏水平，最终达到帮助学生以点带面地关注中国民间传统刺绣文化，掌握一定民族美术的欣赏方法，实现提高审美品位和审美能力，形成创造美好生活的愿望与能力，弘扬优秀的中华民族传统文化的大目标。

二、问题解决过程、方法步骤

第一步：准备阶段（2015 年 12 月—2016 年 3 月）。帮助学生界定少数民族绣片的范围及研究的少数民族种类。引导学生欣赏民族绣片，并总结其主要特点。通过调查分析，为课题的研究提供充足的事实依据，明确研究的主攻方向。同时运用文献研究搜集整理国内外与课题相关的教育理论，为课题的研究提供科学的理论依据。

第二步：实验阶段（2016 年 4 月—9 月）。分小组进行小专题探究学习，对少数民族绣片上的图案的形、色、意进行全面研究，了解图案的由来和未来发展情况，并形成小组研究成果。研究的最后，引导学生重新建构，自主创新。如：图案归类收集、分组现场汇报展示、手抄报、民间图案自主创新设计、与生活结合、发挥民间图案的使用价值等。

（1）汇总调查表、分析现状，进行初步的宣传活动，再制定相关的计划。

（2）为了提高课题开展的实效性和准确性，针对课题要求，我们遵循低年龄段的身心特点以及美术手工课活动形式、教师的特长确定实验班级的具体研究内容，并通过每月一次的教研会议反馈教师实际教学情况，及时调整，把课题研究落到实处。

（3）界定美术教学时间，合理安排一日活动。为确保研究工作顺利进行，有效利用时间，我们适当调整了课程表、校本教研形式等教育教学常规。

第三步：总结阶段（2016 年 10 月—12 月）。形成结题报告，展示实践研究成果。如：课题研讨课、汇报总结、论文、学生欣赏探究实践作品集等。

三、成果陈述及成效分析

经过了一年的探索与实践，初步摸索出了一系列适合高年级民族绣片图案欣赏课堂教学的策略，并取得了显著的效果。

（一）学生

（1）"查"在课前，通过引导学生主动查找相关材料，培养学生自主学习的能力。

①前置性教学内容：

小学六年级一般每周是 1 节美术课，要在课堂 40 分钟内完成教学任务，对于师生都有一定的难度。这就要求师生在课前都要做足充分的准备。我就会提前告知学生下周要学习的新内容，并将每班学生分成四个学习小组，有针对性地设计一些"预习问题"让学生去思考，老师自己也会提前做好一些范例供学生参考。例如，在上六年级《走进绣片》这一课的前一周，我就告知学生下周所要学习的内容，并设计了"民族绣片出现的地域？民族绣片的来源？它的主要特点？使用制作的材料？历史背景？广东省主要少数民族的绣片各有什么特点？"等问题让学生回家思考。六年级的孩子开始并没有表现出极大的研究兴趣，但在查找资料收集资料的过程中，他们就会根据老师布置的思考题，有针对性去寻找、发现或者是查找相关的一些资料、图片，去一个未知的领域畅游，使学生产生了兴趣。这样一来不仅为学生听新课做好了思想、知识上的准备，最重要的是让学生获得了上新课的主动权，培养了自主学习的能力。

②"收"在课前：通过引导学生主动收集相关材料，培养学生收集信息的敏感度和操作能力。

以小组为单位，组长进行任务分配。学生通过各种渠道将查到的资料收集起来，打包整理。这个过程让学生的思维变得敏捷，学生学会对研究的中心议题及时反映，快速点击手机。大部分资料是通过网络收集到的，这又能为学生提供了一次网络学习和操作的练习的机会。学生有了更多的锻炼机会。

（2）"归"在课中，使学生养成良好的学习习惯和方法能力。

①教师给学生提供两周的课堂时间，学生分小组进行资料展示和重组，以及删减处理。

②各小组进行资料归类打包贴标签。学生对知识的归类有了新的学习，这也是非常好的自学方法。

（3）"展"在课中。激发学生的持久兴趣，培养学生的自我表达能力和合作能力。

课堂中每位学生无论作业的好坏，都很渴望得到老师的关注和鼓励，展评环节由于受时间的限制，一般都是展示那些率先完成作业或者是有代表性质的作品，这样就导致有些做得慢的同学的作品总没有机会展示，久而久之，会挫伤学生学习的积极性，这时我们就要多鼓励学生回家把未完成的作品继续完成，并及时地交给老师，老师再把收集的学生手工作品集中讲评展示，通过多元评价的方式激励、唤醒学生。学生看到自己的作品被展出了，在学习中不断体验成功与进步，兴趣自然就持久了。

经过一年的探索和实践，学生对民间美术欣赏课有了一定的兴趣，特别是对"民族绣片欣赏"的学习态度更加积极主动了，课堂气氛活跃，学生们的探究、实践动手能力、想象创作能力得到了发展和提升。

（4）"赏"在课程前、中、后。在课堂中，学生学会了欣赏的各种方法，掌握了民族绣片图欣赏的步骤和方法，能独立完成一种少数民族的绣片图案欣赏学习任务。举一反三，学生能自如地自学民间美术欣赏的所有内容。学生经过这样一个训练过程，会更加关注身边的民间美术文化，这也是课题研究的终极目标。

（5）"思"贯穿整个课程教学。师生在教学过程中不断反思积累，不断学习进步。

（二）教师

通过对微课题的研究实践，教师对美术课堂理论的认识有了本质的提高，教学理念更符合新课标的要求，在不断的学习和实践的过程中，以课堂为阵地，以科学为基础，有针对地去应用，追求新型的教学方式，并把这些经验策略运用到教学实际当中，取得显著效果。在研究的过程中，也难免会遇到困难和挫折，但老师们并没有害怕，更没有因此气馁，而是积极地向优秀的教师学习请教，吸取他们的宝贵经验。经过自身的不断努力，一年来六年级的民族绣片欣赏课得到了有效开展，课前准备工作充分，课堂模式有了较大的改变，教学方法变得新颖，取得了较好的课堂效果。在不断地进取学习中，我们的工作得到了一定的肯定，积极认真参加市、区举办的各项活动，开展了丰富多彩的活动，积极发表论文、承担观摩课和讲座等活动，并取得了一定的成绩。

（三）家校共育

此课题的开展，转化了家长的教育理念，在平时上课收集材料的过程中得到了家长的认同与支持，尤其是假期查找资料、阅读书籍、走访商场等活动，在激发孩子的内在潜能的同时，增进了家长和孩子之间的情感交流，实现了家校教育一体化。

（四）成果

（1）六年级学生临摹作品展、创作作品集、问卷调查、小组汇报 PPT 等。

（2）形成经验性文章：六年级课堂教学课例 2 篇、教学论文 1 篇（发表于香洲教研）。

（3）主持人教师录像课 1 节：六年级《走进绣片》。

（4）支教示范课 1 节。

（5）结题报告。

（课题资料提供：魏虹）

关于《小学六年级民族刺绣图案欣赏教学的研究》这一课题的研究取得了一定的成果，通过理论与实践相结合，不断地学习思考，总结学习心得，确实学习到了很多知识，成长了不少。尤其是目睹孩子们在手工课堂中一点一点地进步，令我十分欣慰。

有进步也有不足，虽然取得了一定的成绩，但在研究过程中也遇到了不少的问题和困难，具体体现在以下几个方面：①由于美术课的课时有限，学生课程的开展次数和时间没有得到更好的保障；②总结经验及反思还不够及时、到位，在实践活动中，有许多好经验、好方法，应该认真总结形成文字材料，更好地运用到实际教育活动中；③在学生动手实践活动中辅导及评价还不够及时、准确，值得深思与改进；④学生对于民族图案欣赏背后的文化内涵研究有待提升，当然这和学生的身心发展特点有一定关系。

民族图案欣赏课还有许多需要我们去努力挖掘的地方，作为小学一线美术教师，我们应该迎难而上，老师要跟学生一样保持一颗勇于探索的心，立足课堂，从平时一点一滴的教学活动中继续探索各种有效的方法来解决教学中遇见的难题。同时，我们也会将研究过程中取得的成果进行积极的推广，继续扎实有效地开展科研工作，为学校的艺术教育工作开辟更广阔的天地。

第二节 民间剪纸

课题：小学中年段"五折心形团花点染剪纸"的教学实践研究

一、研究背景

2013 年习近平总书记提出文化自信才是更基础、更广泛、更深厚的自信。中华优秀传统文化是中华民族的"根"和"魂"，是我们必须世代传承的文化根脉、文化基因，也是我们坚定"四个自信"的深厚基础。习近平在纪念孔子诞辰 2565 周年国际学术研讨会开幕会上的讲话中谈到，开辟未来的前提是不忘历史，善于继承才能善于创新。我们要善于把弘扬优秀传统文化和发展现实文化有机统一起来，紧密结合起来，在继承中发展，在发展中继承。2017 年 1 月，《关于实施中华优秀传统文化传承发展工程的意见》颁布，首次以中央文件形式推动延续中华文脉，传承中华文化基因，开中华人民共和国成立以来之先河。

剪纸及点染剪纸艺术的发展背景：剪纸艺术是非遗，作为中国文化符号的代表之一，宣传力度及公众认知不强，剪纸艺术现阶段面临着很大的挑战，当今的多元文化对剪纸文化产生较大的冲击，传承人年龄普遍偏大，种类单调，难以与现代社会接轨。现在国内一些专家、学者、专业教师对民间剪纸艺术的研究已经非常多，对民间剪纸的历史文化背景、意义、价值的研究已有很多，这些都为传统民间美术的基础理论研究打下了坚实的基础。我将从实际出发，利用"五折花制作技法"带领学生进行"心形团花点染剪纸"创作，这个创作过程可以帮助学生充分提高专注力、动手力、创造力，是集"折、剪、染、贴"为主要活动形式的教学活动。"折"是引导学生学会"五折花制作技法"，"染"的技能就是利用毛笔和色彩进行调色、绘画、渲染，对单一的"剪、贴"美术技能做了充分的补充和完善。学生的技能得到更好的训练，思维得到更好的开发，学生的综合能力素养得到大大提升。

国内外研究现状：利用互联网查询到国内外相关研究过的课题部分信息，2016年山东省临沭县郑山街道沙店小学尹磊曾做了"利用剪纸艺术丰富校本课程资源"课题研究，研究的是分色剪纸及套色剪纸方法的学习应用，而这两种方法也是以"剪""贴"两种技能训练形式进行，没有涉及绘画染色的技能学习。2015年武夷中学舒莹华做了"乡土文化在小学美术教育中的开发及实施策略研究 —— 以剪纸校本课程为例"的研究，主要研究剪纸的起源、历史故事发生发展推动剪纸的发展的研究内容。还有许多关于不同地域不同民族的剪纸研究，关于剪纸艺术语言的课题研究和著作等等。这些都为我进一步研究剪纸校本课程奠定了坚实的基础，也为今后的研究过程提供了更多的可能性。

点染剪纸是中国民间美术历史悠久、普及面广且最具中国特色的一种手工艺术。团花剪纸是黄河三角洲地区民间剪纸艺术的特色，历史久远、组织形式和谐、内容上多以谐音、隐喻象征来表达，具有鲜明的天合之美特征。在小学中年段开展"五折心形团花点染剪纸"的教学实践研究，不仅可以使少年儿童从中体味到剪纸的乐趣，而且有助于学会锻炼充分发挥他们的想象，拓展审美视野，还能陶冶性情。我国著名教育家陈鹤琴先生一直提倡学生应有剪纸的机会。他认为剪纸可以使学生安静下来，专心致志地干一件事，还可以使他们练出一双灵巧的手，而手巧往往意味着心灵美，这是因为手部肌肉群的训练有利于大脑的开发。

二、选题意义及研究价值

（1）点染剪纸艺术有助于民族文化的传承。点染剪纸艺术作为我国的民间艺术之一，是劳动人民智慧的结晶，其蕴涵的文化内涵折射出一个民族的精神。在当今信息化日益发展的今天，文化的一元化会加大人类的生存危机，学校这个传承文化的地方有必要将其发扬光大。

（2）点染剪纸艺术是小学义务教育中美育的载体。点染剪纸具备小学中美育的功能，开展点染剪纸教育活动，有助于儿童提高审美能力和创造美的能力。点染剪纸作为民间工艺美术品所具有的特性，表明点染剪纸适宜作为小学美育的载体。学生欣赏优秀作品，而且有利于培养学生对剪纸这一民间艺术的认识和理解力，了解民俗风情和熟悉生活，帮助学生形成正确的审美能力。

（3）点染剪纸能培养学生的动手、动脑及想象力。点染剪纸是一项手脑并用的实践活动，具有单纯、明快、朴实且富有装饰性的艺术风格。学习点染剪纸能锻炼学生的双手灵活性和协调性。学生拿惯了笔的手，拿起剪刀来，有一种很新鲜的感觉，上课的兴趣会很高，原创的灵感会自然而然地流露。而点染剪纸是集"剪、染、贴"为主要活动形式的教学活动，"染"的技能就是利用毛笔和色彩进行调色、绘画、渲染，对单一的"剪、贴"美术技能做了充分的补充和完善。学生的技能得到更好的训练，思维得到更好的开发，学生的综合能力素养得到大大提升。在活动的过程中，学生会自动发挥想象，提炼画面，研究合理的剪刻染技法，在剪刻染中让学生认识到"最合适的技法才是最好的方法"。

三、研究目标

（1）点染剪纸课程设置要能紧跟教育发展的需要。根据发展不同采用相应的教学方法，满足学生的个性发展，通过点染剪纸对学生进行调色、绘画、渲染的技能训练，补充和完善以往单一的"剪、贴"技能，提升学生的综合能力素养。

（2）通过"五折心形团花点染剪纸"的教学实践研究，提升教师的专业综合素养。本课题研究将形成优秀课例、论文反思等成果，这对学校传统文化特色的创建给予了及时的补充，同时也能充分体现本校的传统美术教学特色。

（3）通过对本课题的开发研究，促使学生有特点，教师有特长，学校有特色。学生热爱民族文化，体验成长快乐，发展学生个性；教师享受科研乐趣，发展自身特长，提升文化修养；为学校创新办学理念提供更广阔的发展空间。

"五折心形团花点染剪纸"教学实践作为校本课程研究内容，其设置是建立在学校和学生的需要之上，其关注的是学生的个体的差异和学生个体的发展，其强调要给学生自由发展的空间和主动发展的机会，也就是说，让学生作为一个独立的个体发展是此课题研究的最终目标。

四、拟创新点

实施研究的重要途径就是课堂教学及兴趣活动创设。本课题"五折心形团花点染剪纸"是以丰富的教学内容与形式为载体，生动而富有实效，满足学生的自身发展，学会简单的花卉、动物等点染剪纸方法，学会五折花制作技法，针对传统剪纸教学研究提出更深的研究内容和更广的创意空间。

五、研究思路

本课题以现代教育技术理论、《新课标》和《中共中央国务院关于深化教育改革全面推动素质教育的决定》为指导，把素质教育和新课改理念贯穿于研究过程中，通过开展开题与教学实践、研究与交流、研发形成校本教材、检查与指导等活动，推动整个课题研究工作的不断深入。促使学生有特点，教师有特长，学校有特色。学生热爱民族文化，体验成长快乐，发展学生个性；教师享受科研乐趣，发展自身特长，提升文化修养；为学校创新办学理念提供更广阔的发展空间。

本课题只选取小学三、四年级学生进行实践研究，根据学生的年龄特征及现有的教材内容需要，本课题选择五折点染剪纸法开展实践研究。这一阶段的学生跟一、二年级的学生是不一样的，这个阶段的小孩的兴趣是很广泛的，他们的心理比低年级成熟了些，不再是家长说什么就是什么了。而且这个年龄的孩子注意力容易分散，依然需要家长和老师的肯定，成年人的肯定会给孩子满足和自信。他们已经对外界对于他们的评价是有感知了，对自己的学习状况更加关注和重视。

培养学生的剪纸欣赏和剪纸技艺是一个长期的教育过程，因此，我们教学研究过程分为三个教学阶段，制定一个长期的教学计划。目标内容及评价方式如下：

第一阶段

教学目标：①认识点染剪纸艺术，让学生对点染剪纸艺术产生兴趣。②认识点染剪纸的工具，掌握简单的点染剪纸技艺。③培养学生对生活的观察能力、造型能力及动手能力，能欣赏简单的点染剪纸艺术。④了解点染剪纸的分类。

教学或活动内容：①了解点染剪纸是一种镂空染色艺术，学会欣赏五折心形团花点染剪纸艺术。②了解五折心形团花点染剪纸的历史渊源。③简单了解折叠剪、掏剪、破剪、排剪等的使用方法。④进行五折心形团花点染剪纸的练习，临剪简单的团花的剪法。

教学评价：分组展示、评述；调查问卷、收集相关资料展示、阶段性作品展示。

第二阶段

教学目标：①了解如何欣赏点染剪纸作品。②了解如何保存点染剪纸作品。

教学或活动内容：①学会欣赏优秀的五折心形团花点染剪纸作品。②学习"五折团花制作技法"进行点染剪纸创作。

教学评价：分组欣赏作品、总结点染的内容方法、基本剪染方法。

第三阶段

教学目标：①熟练掌握点染剪纸的各种表现形式。②学会点染剪纸的设计与创作方法。

教学或活动内容：①收集素材，进行有主题的创作。②学会简单的花卉、动物内容的创作方法。进行不同主题的创作学习、素材的收集展示、作品展览评价，形成校本教材。

六、研究方法

（1）教育调查法，在本课题初期充分利用工方法，对在课题准备阶段，通过问卷调查、个别访谈等方式对校本课程资源现状进行调查，掌握第一手现实资料。

（2）文献研究法，阅读国内外有关文献资料，从而了解校本课程资源的发展趋势，使课题研究的内涵和外延更加丰富、更加明确、更加科学，争取在现有研究水平的基础上有提高和突破。

（3）案例分析法，课堂教学中，对学生经常进行观察、调查、个别谈话，以考察点染剪纸艺术对学生发展的影响。

（4）经验总结法，总结经验教训，不断改进研究方法。探索剪纸艺术内容、方法和技巧，总结剪纸艺术实践中最有实际效果的经验，并进行概括和升华，编写出相关的作品集。

七、技术路线

（1）以发现问题—提出方案—解决问题入手，发挥教师的主体作用，立足解决点染剪纸教学中暴露的问题，坚持理论构建与实践相结合，案例分析与经验总结相结合，综合运用问卷调查法、案例分析法等多种研究方法提高学生的"五折心形团花点染剪纸"的创作水平和教师的专业素质，从而有效提高教师的现代教育技术素质。

（2）汇总点染剪纸教学设计、课例、课件、反思、论文、视频等资料，为教师提供一个分享的平台，从而有效提高课堂教学水平。

八、课题研究步骤

（1）准备阶段(2019年5月—2019年7月)调查研究教学现状,确定课题研究方向,制定课题研究方案。阶段达成目标：问卷、查找资料、阶段研究方案等。

（2）实施阶段（2019年8月—2019年12月）组织学习理论、定期进行课题研讨活动、交流经验，及时解决课题研究中存在的问题，总结成果。阶段达成目标：形成点染剪纸的教学案例，优秀课件、教学设计与反思、学生作业展等。

（3）总结阶段（2020年1月—2020年5月）结题、鉴定，撰写课题研究报告，总结课题研究成果，报请专家组鉴定。阶段达成目标：形成完善的教学实施方案和具体实施办法，完成详尽的研究报告，校本教材、学生点染剪纸作品集等。

课题研究最终成果：

（1）初步开发我校的"五折心形团花点染剪纸"优秀课例。

（2）进一步凸显了我校的艺术教育的特色。

（3）引导学生参与心形团花点染剪纸艺术的传承发展。开展教学活动、课题学校交流展，撰写论文、完善教学案例、开展作品展等。

（4）促进教师角色的转变。教师参与度高，逐渐形成一支有特长、能发展特色项目的教师队伍。

（课题提供：魏虹）

本课题的研究从传承传统文化民间剪纸的点染剪纸出发，立足课堂教学实际，开展文化背景研究、技能知识的认知及实践、学以致用的体验研究，引导学生逐步深入学习民间剪纸的知识，感受其艺术魅力，热爱传统艺术并创新传承发展下去。

课题：电绘机绣特色课程

一、课程背景

（一）核心概念

"电绘机绣课程"，是计算机技术与学校美术艺术完美结合的一项"互联网+教育"的校本特色项目，致力于学生创造力、工匠精神的培养。电脑绘画不同于一般的纸上绘画，它不但要掌握绘画的基础知识，还要掌握电脑软件的执行技巧，它是用电脑的手段和绘画技巧进行的创作活动。根据新课标课改的要求，从小学低学段到高学段的美术教学，都有关于电脑绘画的知识，较好地奠定了学生的电脑美术知识与素养基础，无疑有助于学生电脑绘画及综合能力的提升。本课题是将绘画的基础知识和电脑软件的执行技巧有机相融，把学生丰富的想象力和创造激情顷刻间变为形象的画面，激发学生的想象和灵感，提高想象力和创新思维能力，培养了学习的热情、审美力和专注力。电脑绘画后的作品作为一种新的运针工具被运用到刺绣中，机器刺绣，解放人力、提高效率。使传统刺绣进入了机械化、数字化、实用化。

（二）问题提出

电脑绘画在中小学教学中的运用，特别是有效教学的研究，目前国内外还处于起步阶段，该领域研究目前主要集中在理论方面，尤其是在课堂教学的有效教学模式研究上还非常薄弱，还未形成一套优质的适合小学电脑绘画的教学资源及适合小学电脑绘画有效教学的策略和模式，亟待解决。而利用 Word 软件中的绘图功能绘图后通过软件连接刺绣机制作出刺绣产品，在中小学教学中的运用，产品用于校园环境文化的建设，目前基本上是空白。

我们将大胆尝试让小学生学会利用 Word 软件中的绘图功能电脑绘画并把电脑绘画作品制成刺绣成品，充分利用现代新材料、新工艺、新技术的成果，在高效教学策略、模式和刺绣作品的有效运用上加强研究、做出成效、形成成果，提升学生的信息素养和绘画能力，培养学生的专注力、审美力、分析力、创造力与解决问题的能力。

（三）课程创新点

（1）建设小学电脑绘画优质教学资源（包括典型的课堂教学案例、教学设计等），实践归纳总结小学电脑绘画行之有效的教学方法，构建有特色的、科学的、可操作的、校本的、高效的、有价值的适合小学电脑绘画有效教学的模式，教师编写了《电脑绘画教案集》。

（2）构建如何将刺绣作品充分发挥在校园文化建设中的有效策略，使学生的创新意识和创造能力得到长足发挥。

二、课程内容与实施

（一）课程的内容

1. 电脑绘画

（1）熟悉操作，简单临摹。中年级学生对电脑 Word 文档绘画软件知之甚少，操控鼠标勾勒图形的能力非常有限。为此，第一步是先知道键盘各个按键功能，熟悉 Word 文档绘画时用到的工具，如任意多边形线条、自由曲线、填充颜色、组合图形等。第二步是临摹简单的图形。锻炼孩子操控鼠标勾勒图形的能力，勾勒的线条从粗糙逐渐走向精细。

（2）临摹精品，个性表达。高年级的学生对电脑 Word 软件稍微有了解，掌控鼠标比较灵活，美术颜色造型也有一定基础，所以电脑绘画操作起来较容易上手。先临摹优秀的电脑绘画作品，从中学习造型与配色，积累操作经验。

（3）大胆想象，激扬创意。美术教育是培养创造力最具成效的课程之一，结合信息技术手段，更是为孩子们插上了想象的翅膀，老师们积极为学生创设有利于激发创新精神的学习环境，为提高创新性能力做好关键第一步。在教学中引领孩子们多看、多听、多说、多练，运用多种感官了解周围的一切，激起思维的主动性和灵活性。鼓励学生充分发挥想象大胆构思，创作出与众不同的作品，脱颖而出。我们通过一系列有目的、有计划的电脑绘画活动，打开孩子们的思维想象之门，使他们在电脑绘画的天空，展开想象的翅膀，大胆创作。

2. 机器刺绣

（1）习得要领，激发兴趣。要将电脑绘图制成刺绣，必须学会操作机器刺绣。中年级学生活泼好动，操控机器时要详细耐心地强调细节，确保安全。先熟悉常规按键，学习把电脑图画转化到机器上刺绣。再练习机绣颜色种类少的图案，如草莓、太阳、小花、气球等，让学生体会到机绣的乐趣。

（2）独立操控，进阶练习。高年级学生心理成熟些，但在具体的操作过程中，可能会遇到一些难题，老师要借此机会，指导学生掌握处理技巧，培养自主独立实践能力。同时，机绣的难度可以适时提高，从造型到色彩的搭配，练习复杂一点的组图，如四季风景图、人物肖像图、脸谱图等。

3. 手工制作

（1）示范指导，引领入门。中年级的学生手工制作有点粗糙，思维不够开放。老师要手把手教，怎样用针线，怎样打结，怎样裁剪，怎样缝制比较工整，分步详解，奠定手工制作的基础。

（2）发挥创意，延伸生活。高年级学生见过的创意生活用品比较多，思维活跃，表达的意愿强烈。老师要鼓励学生发挥想象，把机绣作品加工成各种生活成品，小镜子、抱枕、书签、纸巾套等等。学生从学以致用中体会到双手创作的价值。

（二）课程实施

1. "真"绘——用鼠标绘出精准图形

（1）微课示范，构建体系。中年级学生在电脑课上，老师教授 Word 文档绘画软件的操作方法，学生学会怎样使用任意多边形线条、自由曲线、填充颜色、组合图形等基本工具。高年级学生的作品要求稍高，教师指定的学习素材不仅要能锻炼孩子的线条勾勒能力，还要从中学习造型构成，色彩冷暖搭配，甚至能从作品创作过程中体会到人生价值观。每周两节电脑绘画兴趣课，美术老师制定适合学情的课程，将教学内容制成微课，形成序列化。

（2）有效教学，形成策略。立足课堂，立足有效教学，学习教育教学理论、研究国内外成功的教学模式，开展各课型教学的探究与实践，逐步提炼电脑绘画课、电脑欣赏课、电脑绘画设计课、电脑综合课、电绘创意课等课型的有效教学模式，形成学生有效的学习策略。减少教学的盲目性、随意性，增加可操作性和高效性。

（3）校园运用，形成体系。我们建立每月评选优秀作品的机制，将逐步把校园的墙饰变成电绘、机绣和手工作品，我校三楼，就是把学校的精神文化，如办学理念、一训三风等用电绘机绣的形式展示出来，成为三楼墙饰的靓丽风景。既装饰了校园，又激励了学生。还运用"互联网+"建设了学校电绘机绣网站。

2．"善"绣——用机器转化绣出作品

（1）确保课时，熟能生巧。学习机器刺绣的学生，每周在机绣室上两堂课。指导老师一边操作一边讲解，中年级学生先倾听与观察，了解机器的操作原理，才可以亲自练习机绣。教师要求把机绣的步骤与出现的问题记录下来。从陌生到熟悉，一步一个脚印，扎扎实实地习得技能。

（2）专题练习，长廊展示。高年级已初步具有独立操作的能力，指导老师选择有代表性、有意义的电脑绘画图案，让学生练习机绣。每一张机绣作品老师都认真评价，给出有针对性的意见。每个月布置学生进行专题练习，比如，爱我校园、寻找春天、情系故乡等，挑出优秀机绣作品挂在学校的文化长廊，成为学校一道靓丽的风景线，为"善文化"的构建添加别样的注脚。

3．"美"创——用巧手制成花样作品

（1）激励比拼，掌握技能。手工制作是一门实践性很强的手艺。磨刀不误砍柴工，中年级学生要先练习缝制、剪裁等基本功，大量的实际操作就是不二法门。指导老师将学生按照组间同质、组内异质的原则分组，制定学习进度考核表，跟踪记录每个组、每个孩子的练习进展情况。对于表现优秀的学生，发放聘书，升级为"制作小助理"，协助指导本小组的学习；对于进步的学生，可以邀请开展"制作小讲坛"，分享提高技术的心得经验；一个学习周期结束前，以小组为单位，开展"制作大比拼"，进行全方位的操作比赛，通过团队合作激发兴趣。

（2）打造平台，学以致用。为了让机绣作品更好地点缀生活，高年级每个手工兴趣班孩子，每周完成一个成品，教师进行统计并定期展示，组织学生相互评价，在边评边悟中提升艺术鉴赏水平。同时，链接丰富多彩的校园活动，展示手工作品。我们已经在"读书艺术节"中举办过一次电绘机绣作品拍卖会，即将迎来第二次拍卖会。巧饰包装的镜子、玲珑小巧的钱包、卡通动漫的抱枕、诗情画意的书套等成品琳琅满目，成为最聚人气的活动。在下一届篮球文化节中，我们还计划将手工制作与篮球文化融合，实现艺术与体育的交互整合。看着自己的艺术设想化为作品。

三、课程成果

四年来在学校的大力支持下，全体教师经过潜心研究，积极探索，认真执教，我校"电绘机绣"特色课程取得了一定成效。

（一）作品集

通过研究，我们转变了以往的教学策略与教学观念，开展系列的实践活动，分析、归纳、提炼、探索出适合学生身心发展、适合教师教学的教案集《电脑绘画教案集》。收集学生的作品编写《电绘机绣 —— 电脑绘画作品集》和《电绘机绣 —— 机绣、手工作品集》，并把几年来参加的活动制作成"电绘机绣"活动光盘。

（二）特色成果

（1）侨光小学被评为广东省艺术特色学校，是珠海市第一所获此殊荣的小学。

（2）《开发"电绘机绣"特色校本活动的研究》课题申请了珠海市教育科研"十二五"规划课题通过并结题。同时，该课题是广东省教育科学"十二五"规划课题《香洲区中小学教师实践性培训课程的开发与实施研究》子课题。

（3）电绘机绣社团在香洲区第二届 STEAM 大赛中，获得"优秀社团"称号。

（4）作品参加了中国第四届教博会，市教育局林日团局长把作品作为礼品赠送给国际友人。

（5）作品在珠海市文化馆举办展览，受到社会各界广泛好评。

（6）作品参加珠海市首届信息技术成果展、香洲区首届信息技术成果展等，获得领导和同行的肯定。

（7）作品在校园开展过三届拍卖会。每一届都受到了家长老师同学们的一致欢迎。

（8）华娱卫视也曾经采访过我们学校的电绘机绣课程，给出了肯定的评价。

（9）老师在辅导学生的过程中，在不断探索的过程中，也提升了自己的一个专业素养，形成高效的教学模式。

（10）学生的绘画审美能力也逐步提高，在香洲区连续四次的教学质量抽测中，学生的美术成绩连续三次超过区平均分。

四、课程评价

"电绘机绣特色课程"是基于学校新信息技术、计算机技术与学校美术艺术完美结合的特色办学理念，开展的一项校本特色活动。它是以学校所举行的电脑美术活动为选题范围，以学校美术教师及其他学科教师作为研究的主要力量，通过一定的研究程序取得电脑绘画刺绣方面的研究成果，并且将研究成果直接应用于学校教育教学的研究活动。

评价原则：创新性原则，特别重视作品的创造力和创新性，这是此项目核心所在，也是评价的重心所在；激励性原则，让学生体验进步与成功，从而产生动力与兴趣；发展性原则，以发展的眼光看待学生的成长，承认差异，允许失败，鼓励成功；过程性原则，特别关注学生在活动中的兴趣、态度、情感、合作与交流能力；参与性原则，尊重学生，鼓励学生对自己的情况进行评价与反思。

评价方式：主要从课程项目、教师、学生三方面进行评估。项目开发是否有实用性、操作性、前瞻性和拓展性。教师执教是否有规划、达到规定的课时与既定目标，学生的活动、作品及成绩是否有优化，教学过程从老师的备课、领导的听课、学生的反馈来进行调整。学生的评价主要从参与的兴趣、过程的投入度以及活动成效来实施。

（案例提供：蔡晓霞）

将电脑绘画引入课堂，让学生在娱乐、游戏、学习中接触电脑绘画，通过运用鼠标画出形态各异的线条及图形，使孩子们的奇思妙想得以实现，激发学习热情和兴趣。电脑绘画作品变成刺绣成品的过程可以提高学生对电脑信息的多样化、实用性的认识，并能锻炼学生动手操作的协调能力。刺绣成品的图案、色彩也可提高学生审美能力。总之，"电脑绘画刺绣"特色既是学校教育创新的集中体现，又是学校传统传承的彰显。学校挖掘电脑绘画刺绣特色，寻找办学突破口，是学校特色创新的开始。

第三节　儿童水墨

课题：迁移法在水墨画课堂教学实践中的研究

一、研究背景和缘由

中国水墨画作为美术学科领域中独具表现形式的民族绘画，是中华民族引以为豪的艺术瑰宝，通过研究小学中国水墨画教学，关注小学生对中国水墨画的学习，让孩子们合理地进行学习，对民族艺术的传承具有深远的意义。

随着全球化的深入，美术新课程的推进，在新课程美术教学中水墨教学已成为其重要的构成部分，小学中国水墨画教学研究日益成为热潮。全国各地各类美术教研活动，经常有中小学水墨画教学的研究讨论。但是目前我国小学中国水墨画教学还属于薄弱的环节。传统的水墨画教学缺乏情趣，学生学习起来比较枯燥、乏味，还常常把学生带入成人化的水墨绘画创作模式，消磨了儿童学习水墨画的兴趣和自由创作的情感冲动；现代的水墨教学以水墨游戏为主，过于注重水墨的游戏性，使学生难以真正领会水墨画的意味。最重要的是水墨画的学习内容设置缺乏系统性、连续性，普遍教师没有找到水墨画技法的实质，水墨画教学现状还不能满足和适应当前小学教育发展需要。

我校近几年以来对部分在水墨方面有特长的学生定时、定点开展水墨社团活动，在水墨画的教学探究中发现水墨画的表现技法有很强的关联性，这就达成了"迁移"的条件。该课题通过研究多种迁移方式在水墨画教学中的运用，帮助学生摸清水墨画的用笔、用墨的各自迥异的个性后，启发学生寻找和归纳水墨画学习其间的"相似"点，运用"已知"去探索解决"未知"，使学习的知识和能力都达到"迁移"的水平，有效学习与创作，提高幼儿对水墨画学习的兴趣。通过该课题的研究，预计设计出适合小学生学习的中国水墨画迁移法教学案例并推广，加强美术教师对水墨教学的理解。有效指导水墨画课程教学，开拓小学中国水墨画教学的发展方向。

二、核心概念及研究范围界定

"迁移教学法"是在课程改革中得到尝试性应用的一种新兴的教学方法，不仅有助于学生构建完整的知识体系，而且有利于提高学生的自主学习能力以及促进学生的全面发展。

所谓迁移，指的是已经获得的知识、技能、态度和学习新的知识、新的技能之间所发生的相互影响。先前的学习对当前的学习产生积极促进作用的现象是正迁移现象。本课题研究的就是正迁移教学法。

迁移教学法是教师依据"迁移规律"设法为新知识的生长提供联系的"认识桥梁"，通过迁移来发挥旧知识在学习新知识中的铺垫作用。

正迁移教学方法主要包括：水平迁移法、垂直迁移法、延伸迁移法。

水平迁移法：也称横向迁移法，是指处于同一概括水平的经验之间的相互影响。

垂直迁移法：也称纵向迁移法，是指纵向升高，由简到繁，由一般到个别的演绎式迁移，逐级促进，由低到高的阶梯式渐进式迁移。

延伸迁移法：是指知识的扩展，"触类旁通"的延伸。教的本质是转化，学的本质是发展。该课题研究"迁移教学法"，其关注的焦点，不仅是为了学生能完成由"旧知识"向"新知识"的迁移，更重要的是，在此基础上完成由"知识"向"能力"的迁移。也就是所谓的延伸迁移。

三、国内外研究现状述评及选题的意义

（一）国内外研究现状述评

长期以来，国内就不乏对学生画水墨画的研究探索。小学水墨画教学尽管在许多学校中得以开展，引起了许多的重视。但大多数都处于探索阶段，无以往的教学经验可供借鉴，出现的地方多却缺乏系统性和持续性，多是重复的浅尝辄止，没有形成完整的课程体系。

"迁移教学法"是在课程改革中得到尝试性应用的一种新兴的教学方法，迁移教学法不仅能够加深学生对知识的理解，而且能够培育学生融会贯通的学习精神，提高学生举一反三的学习能力。目前各大学科的运用非常广泛，在水墨画的教学中也开始有了迁移法教学规律的渗透与研究，但是还没能找到科学系统的供小学生学习的中国水墨画迁移法教学案例，通过该课题的研究，以期实现水墨画教学的行之有效的方法。

（二）选题的目的意义

（1）中国水墨画作为美术学科领域中独具表现形式的民族绘画，是中华民族引以为豪的艺术瑰宝，通过研究小学中国水墨画教学，关注小学生对中国画的学习，让孩子们合理地进行中国水墨画的学习，对民族艺术的传承有着不可替代的作用。

（2）小学中国水墨画教学还属于薄弱的环节，传统的水墨画教学缺乏情趣，学生学习起来比较枯燥、乏味，普遍教师没有找到水墨画技法的实质。通过研究和运用水墨画迁移法教学，加强美术教师对水墨画教学的理解。合理设置小学生学习中国水墨画课程，开拓小学中国水墨画教学的发展方向。

（3）设计适合小学生学习的中国水墨画迁移法教学案例并推广。深入挖掘中小学中国水墨画教学中民族文化的真正内涵，传承民族精神，具有深远的意义。

四、本课题的重要观点（理论依据）

迁移理论最早产生于十八世纪的欧洲，通俗地来说就是两种学习之间的相互影响。我们可以将学习迁移分为两类，一种是之前的学习对后来的学习产生影响；另一种是指后来的学习对之前学习的影响。中国自古以来就有一种说法，叫作举一反三，

这也是迁移理论的一种体现。

水墨画讲究墨色的焦、浓、重、淡、清，产生丰富的变化，有独到的艺术效果。儿童在学习水墨画的过程中很难把握好水墨画的用笔和用墨。著名科学家高士其有过这样的陈述：世界上的事物，虽然千姿百态，但究其内在的本质都有其相同的道理，当我们摸清了事物的各自迥异的个性后，需要寻找它们之间的共性，这才是明哲、智慧的做法，也是认识事物最好的途径。基于此，为推进小学水墨画教学，课题组关注小学生对中国画学习的研究，我们不难发现水墨画之间有着千丝万缕的联系，让学生运用"已知"笔墨关系去探索解决"未知"笔墨联系，从而举一反三，有效运用迁移的方法。

五、研究目标、研究内容

（一）课题研究目标

（1）迁移法水墨画教学模式的基本程序或框架。包括课程设计、教学原则、师生活动结构、方式、手段等。

（2）通过研究构建小学国画水墨画迁移法教学体系，设计合理的小学中国水墨画迁移法教学课例。

（3）通过研究帮助教师正确寻找水墨画教学的方法，突破传统国画教学模式，构建新的教学模式，有效指导小学国画水墨画教学。通过多种迁移方式在水墨画的教学中运用，帮助学生运用"已知"笔墨关系去探索解决 "未知"笔墨联系，让学生能"举一反三""触类旁通"，从而快速掌握水墨画用笔用墨的特点和规律。提高幼儿对水墨画学习的兴趣。

（4）让中国传统文化得以有效传承。

（二）课题研究内容

（1）小学中国水墨画教学的全球化背景及现状；

（2）小学中国水墨画课程与教学存在的问题；

（3）小学中国水墨画教学的有效方法及发展方向；

（4）小学中国水墨画迁移法教学的实效性。

（三）研究假设

（1）水墨画迁移法教学体系的构建，可有效帮助美术教师对中国水墨画教学的科学认识，并能有效指导教师进行系统的水墨画教学。

（2）挖掘水墨画各种题材之间的差异，挖掘其中的内在联系，帮助学生归纳，便于教和学，能提高幼儿的理解力和记忆力。运用迁移法可以启发儿童积极地进行笔墨之间的纵横迁移，从而快速掌握笔墨表现技巧。

六、研究方法

在课题实施过程中，结合课题特点主要采取调查法、理论研究法、行动研究法、观察法、案例研究法、经验总结法等。

（一）调查法：通过调查了解我国小学水墨画教学的现状及趋势；结合课题研究需要，设计问卷了解珠海市小学水墨画开展的情况及存在问题，包括美术教师、学生、家长对小学水墨画教学所持的态度。

（二）理论研究法。学习儿童美术教育方面的理论，了解儿童绘画活动心理规律，更新教育观念；研究有关儿童水墨画教学以及迁移法方面的理论知识，分析其研究动态，从而提高本课题研究的科学性、有效性。收集、整理水墨绘画的历史，传统及现代水墨画教育的相关理论和经验，不断充实课题内涵。

（三）行动研究法：坚持理论研究和实践探索相结合，研究水墨画教学的迁移法，在儿童水墨画教学实践中，通过正迁移教学方法进行水平迁移法、垂直迁移法、延伸迁移法的实际教学实践，去思考提炼有效的教学。

（四）观察法：观察、了解儿童的学习兴趣、在水墨画的学习创作活动中的创作能力、行为习惯、意志品质及水墨画语言表现等发展情况。

（五）案例研究法：针对小学水墨画的技法特点，通过迁移法的具体案例研究，能设计适合小学生学习的中国水墨画迁移法教学案例并推广。可见我们研究的是小学水墨课程案例，是课程开发的程序与结构而不仅仅是教学操作。

（六）经验总结法：整个课题研究的过程，及时总结、调节、推广，提出改进措施，修正研究方案，使研究成果科学、合理、有效。

七、研究思路（技术路线）

（一）研究思路

迁移的原理是客观事物之间普遍存在的联系，所谓迁移教学法，是教师依据"迁移规律"设法为新知识的生长提供联系的"认识桥梁"，通过迁移来发挥旧知识在学习新知识中的铺垫作用。在水墨画学习中是主要通过类比、推理，沟通新旧事物用笔用墨之间的联系，通过比较、分析、综合、归纳，运用"已知"笔墨关系去探索解决"未知"笔墨联系，让学生能"举一反三""触类旁通"，从而快速掌握水墨画用笔用墨的特点和规律。基于此而设计科学、系统的水墨画教学课例，从而构建系统的水墨画课程体系。

（二）技术路线

（1）培训老师：定期举行讲座和推荐相关书目，让教师学习相关理论，指导他们开展课堂教学实践，不断提高教师的理论和教学水平。

（2）培训学生：鼓励他们积极、主动地开展学习活动；逐步培养学生掌握探究技能，学会分享、交流的方法。

（3）科学指导：聘请教学资深专家对实验教师进行指导，为课题的具体实验提供保障。

八、研究思路（本课题的创新之处）

（一）可操作性方面：通过研究，探讨水墨画迁移法教学的具体方案、运用模式和教学策略，使之具有可操作性，形成完整的课程体系。

（二）可应用性方面：通过实践，探索中国水墨画之间千丝万缕的联系，通过教学案例，有效帮助学生构建水墨运用规律，让学生掌握用笔用墨的规律，能触类旁通，从而提高水墨画学习的兴趣。

九、实施方案，各阶段要解决的主要问题及途径、方法

（一）实施步骤、方案，各阶段要解决的主要问题

《迁移法在水墨画课堂教学实践中的研究》课题自 2019 年 4 月筹备、申报，

2019 年 10 月立项、开题、研究，首先，我们成立了"水墨画迁移法"课题组，工作进展情况如下：

1. 准备阶段（2019 年 4 月—2020 年 2 月）：

（1）选择对象，进行基础调查；

（2）确定研究方案、探索阶段；

（3）组织课题组内的研讨课活动。

2. 实施阶段：（2020 年 3 月—2021 年 6 月）：

（1）收集课题研究的理论资料；

（2）拟定迁移法教学研究的课程内容与结构，明确整体的教学目标；

（3）自编教材，展开迁移法教学实践；

（4）深入研究，调整、改进实施计划，不断修正课程的内容及结构；

（5）有步骤地进行阶段性总结，撰写课题支撑论文；

（6）举办学生作品展览。

3. 深入调整，提升阶段（2021 年 7 月—2022 年 2 月）：

（1）收集整理课题研究资料、教师的研究论文、经验总结、教育随笔、个案资料；

（2）继续深入，调整改进实施计划，不断优化课程的内容及结构；

（3）整理小学水墨画迁移法教学校本教材课例，形成专集；

（4）阶段性总结课题研究成果，汇编文集。

4. 总结、推广阶段（2022 年 3 月—2022 年 4 月）：

（1）总结课题研究成果，汇编成果集、论文集、作品集；

（2）印刷画册、画展宣传折页，预约画展场地，筹备儿童水墨画展；

（3）做好研究总结，撰写结题报告；

（4）做好课题成果推介，经验交流、分享。

（二）课题研究与实践的策略和方法

在课题实施过程中，结合课题特点主要采取调查法、理论研究法、行动研究法、观察法、案例研究法、经验总结法等。我们注重在过程中求实效，步步推进，在实践中反复研讨论证，具体做法如下：

1. 课前调研，把握动态

通过调查法了解我国小学水墨画教学的现状及趋势；结合课题研究需要，设计问卷了解珠海市小学水墨画开展的情况及存在问题，包括美术教师、学生、家长对小学水墨画教学所持的态度。

2. 强化学习，更新观念

通过理论研究法，学习儿童美术教育方面的理论，了解儿童绘画活动心理规律，更新教育观念；研究有关儿童水墨画教学以及迁移法方面的理论知识，分析其研究动态，从而提高本课题研究的科学性、有效性。收集、整理水墨绘画的历史及传统及现代水墨画教育的相关理论和经验，不断充实课题内涵。

3. 集思广益，拟定行动策略

为了稳步推进课题的有效开展，课题研究小组集体研讨、集思广益，坚持理论研究和实践探索相结合，研究水墨画教学的迁移法，拟定行动策略，即在儿童水墨画教学实践中，通过正迁移教学方法进行水平迁移法、垂直迁移法、延伸迁移法的实际教学实践，去思考提炼有效的教学。

4. 交流反思，构建水墨画迁移课程体系

在教学中运用观察法，观察、了解儿童的学习兴趣、在水墨画的学习创作活动中的创作能力、行为习惯、意志品质及水墨画语言表现等发展情况。针对学生的实际情况结合小学水墨画的技法特点，通过案例研究法，设计适合小学生学习的中国水墨画迁移法教学案例并推广。我们研究的是小学水墨课程案例，是课程开发的程序与结构而不仅仅是教学操作。通过研究设计完成小学水墨画迁移法课程体系。

5. 课题推进与调整

预设的课程在课堂教学实践中，及时作了合理的调整、改进、充实、细化，使课程理论与实际有机结合，最终建立了具有可操作性和实效性课程体系。整个课题研究的过程，及时总结、调节、提出改进措施，修正研究方案，使研究成果科学、合理、有效。

十、预期成果及形式（略）

（课题材料提供：文丽凤）

中国水墨画是中华民族特有的文化符号，从小培养学生对本民族艺术的兴趣和爱好是我们教育工作者的责任。由于受历史文化和传统教学模式影响，小学中国水墨画教学还属于薄弱的环节。水墨画讲究墨色的焦、浓、重、淡、清，产生丰富的变化，有独到的艺术效果。儿童在学习水墨画的过程中很难把握好水墨画的用笔和用墨。世界上的事物都存在内在的规律，教师能引导学生摸清了"水墨"事物的各自迥异的个性后，能寻找它们之间的共性，这才是明哲、智慧的做法，也是认识事物最好的途径。课题组关注小学生对中国画的学习，通过研究，引导学生通过类比、推理沟通新旧事物用笔用墨之间的联系，通过迁移法实践教学及理论探讨，归纳总结出笔墨的横向迁移、纵向迁移、形象迁移、类比迁移等多种迁移方法，设计出符合小学生学习的中国水墨画迁移法教学案例，汇编成《迁移法教学儿童水墨画教材》指导教学，帮助学生寻找和归纳水墨画的"相似"点，运用"已知"笔墨关系去探索解决"未知"笔墨联系，让学生能"举一反三"，从而快速摸清水墨画的用笔、用墨的规律。笔墨有法而无定法，孩子能运用"已知"笔墨去寻找更有趣有效的体验方法，触类旁通才是课题研究的目的。经过一年的努力，课题组带领着 20 多个没有国画基础、不同年龄阶段的孩子，高效完成花卉篇、线条篇、树木篇、瓜果篇的课程学习，有效提高了小学生对水墨画学习的兴趣与认知。学生的水墨画作品形式丰富，从临摹—写生—创作，从条幅—扇面—创意篇幅，一张张墨趣横生、小巧精致的作品既承袭了传统的笔墨又有时代的创新，汇编为《墨笔生花小学生中国水墨画迁移法教学成果集》，充分彰显了"迁移法教学"的魅力。

2017 年 10 月，"'墨笔生花'儿童水墨画暨香洲区小学生中国水墨画迁移法教学课题成果展"在珠海图书馆顺利开幕，全区中小学美术教师亲临会场，课题组将"迁移法教学"课题研究成果做了推广汇报，受到中小学美术教师们的一致肯定与好评。

课题研究结束后，课题组老师们通过集体备课、研讨等形式，继续推进学校国画社团的教学。在推广研究过程中，坚持理论与实际相结合，把研究工作植根于广泛而扎实的教学实践的土壤之上，凸显成果推广的操作性和实效性。贯彻点面结合的原则，从课题组成员所在学校出发，因地制宜做好科研成果推广工作，通过国画社团向学校常规课堂逐步展开，让课题成果逐渐面向全校全体学生，全方位、多角度、多层面地实施推广，最大限度开辟成果应用的空间。

第四节　综合材料

特色课程：琳琅彩贝 —— 贝壳创意制作课程教学成果

　　以国家课程设置为基础，以美术课程为主体，与德育、各学科教学和社会实践活动相互渗透融合，重视美育基础知识学习，增强课程综合性，加强实践活动环节，开发利用本地的海洋、贝类等生物资源，搭建开放的平台，拓展美育空间。以审美和人文素养培养为核心，以创新能力培育为重点，科学定位提升学生美术核心素养、综合学习能力、情感态度价值观的课程目标。围绕美术学科的核心素养及综合艺术素质五种能力，遵循学生发展规律及个性，形成课堂教学、课外活动、校园文化的育人合力，实现培养和完善孩子人格的终极目标。

一、课程背景

　　2016 年国务院印发的《全国海洋经济发展"十三五"规划》倡导，科学开发海洋资源，保护海洋生态环境，维护海洋权益，建设海洋强国，是未来生态经济发展的必然趋势。海洋资源和海洋文化是珠海发展的优势所在、潜力所在。2013 年公布的《关于进一步加快海洋经济发展的决定》吹响了珠海建设蓝色经济领军城市、全国海洋生态文明示范市的号角，对发展海洋经济进行了系统的谋划。为实现这个宏伟目标，在珠海普及海洋知识、引导学生从小树立正确的海洋观，培育学生开放、包容、创新、进取的精神，让拥有海洋人文特质成为新一代珠海人的鲜明特征，为我国向海洋大国迈进培养人才，就显得尤为迫切和重要。

教师的任务不应当将知识硬塞给儿童，而应该找出能激发儿童兴趣、刺激儿童创新思维的材料，鼓励儿童学会问题质疑和自己去寻找解决问题的途径。儿童爱好美术，不仅因为作品具有成功的价值，而且还因为他们能从工具和材料的使用过程中，获得审美的愉悦。如果提供的工具材料是单一的、固定的、久而久之，会使他们感到厌倦、乏味，从而降低了学生学习的积极性。因此，在美术教学中教师要不断改变与拓新创作的工具与材料，引发学生的兴趣，使他们在整个学习的过程中情趣盎然。

我校坐落于风光旖旎的凤凰山下，亲海栖居，地理环境得天独厚，海滩上的贝壳形状各异，俯首可拾。孩子们经常把好看的贝壳精心处理后带回家，或制成心爱的小工艺品装饰家居或自己珍藏。海洋的精神品质早已在师生的生命中烙下痕迹，我们在为坐拥蓝天碧海而感到骄傲的同时，肩上还会有一份责任 —— 让海洋造福人类的同时，教育下一代学会回馈自然，这就需要我们普及和提高海洋科学知识，增强保护海洋的意识。2013 年起，学校依托得天独厚的环境优势，以蓝色为基调，以"海纳百川"的大气与包容为核心文化精神，立足"海文化，大教育"的特色办学思想，构筑具有海洋特色校园文化建设的"蓝色梦想"。2015 年 9 月起，学校以"走进海洋世界，体验成长之旅，构筑蓝色梦想"为主题，逐步开发并实施了"海润生命"特色课程，不断提升学校海洋文化品质。

创意是独创性的想法或观点，小学美术创意教学是以新课程标准理念为指导，旨在培养学生创新精神和实践能力，让小学生以他们喜欢的方式学习美术，使美术知识与技能、教学过程与方法、情感态度与价值观的教学浑然一体的创新的教学方法。

贝壳创意是在小学美术教学过程中，要求学生通过绘画或者自己收集材料，根据自己的想象力，通过自己的亲身体验和实践，将各种贝壳材料或废旧材料做成自己喜欢的工艺品。它既能锻炼学生的动手能力，培养学生的环保意识，还能激发学生的创造性思维和想象力。

二、课程目标

通过贝壳创意课程引导孩子们学会就地取材，提炼并总结出解决课程学习的方法论及有效途径，巧妙地使用贝壳及其他综合材料创作美术作品。通过项目化学习，提高学生自主合作学习、勤于思考、善于解决问题、敢于表达的能力，并通过课程培养学生的家乡情怀，了解美术的实用价值和社会价值，结合传统文化，提升人文素养。

三、课程实施意义及创新点

美术课程是陶冶学生高尚情操，提高学生审美，增强学生对自然和生活热爱的一门重要课程。通过贝壳创意特色课程的学习，丰富了学生的视觉、触觉，发展了学生的空间思维和动手能力，激发了学生的创造精神以及实践能力，达到能用美术来表达自己的情感和思想，从而提高学生的审美能力，完善人格。贝壳创意课程的开展能够提升学生对美术的喜爱，提高他们的动手操作能力、审美能力、创造能力以及分析与解决问题的能力，增强学生对自然和生活的热爱。

在美术教学中使教师不断改变与拓新创作的工具与材料，以新的理念指导教学，激发学生的兴趣，使他们在整个学习的过程中轻松愉快、高度关注，教师达到了以新的理念指导教学，使用科学的教学方法，开发学生的创新思维。教师在课堂教学中做到合理的"扶"与"放"，能创设轻松的学习环境，充分提高了美术教学质量。

创新点：贝壳创意课程的内容与自然生活紧密相融，在实施过程中，发挥其他学科的优势，实现各学科融合，通过课程文化、环境文化、精神文化、制度文化的全面构建，以海洋精神为核心，推动学校师生发展。开展丰富多彩的贝壳创意活动，通过项目化学习的方式，促进学生在活动中学习，在活动中成长，在活动中育人。

四、课程架构

基础课程：贝壳材料的认识和分类、贝壳造型的学习和创作、贝壳相关的历史文化学习

探究课程：探究性学习资源包、主题式探究

延展课程：综合实践、项目学习

五、课程内容

欣赏·评述：贝壳的历史、贝壳的种类、贝壳的外形特点、贝壳工艺品赏析

造型·表现：贝壳外形特点的表现、贝壳平面组合造型、贝壳立体组合造型

设计·应用：实用贝壳工艺品制作、利用贝壳外形特点进行图案装饰

综合·探究：结合综合材料的贝壳创意制作、亲子贝壳创意实践活动

六、课程实施过程

在整个课程中，体现学生主体地位，注重家校、社会相结合的育人方式，亲子贝壳创意实践活动贯穿课程始终，作为拓展和延伸。

（一）前期准备阶段：分组合作，查阅、收集相关资料，结合欣赏课探索激发学生对贝壳创意课程的思维训练方法。学生分组收集资料，填写学习调查研究表；组内分享与全班分享前调资料。

（二）前中期分析与备课阶段：理论认证贝壳创意绘画的教学方式的研究，组织好小组成员交流与探讨活动。

（三）中后期实施阶段：在做了充分准备的基础上，分四个阶段实施课程内容。

第一阶段：了解贝壳的历史、种类等基本知识。通过小组讨论和填写学习调查表，了解海洋文化和贝壳造型特点、贝壳的分类、贝壳分布的地区、贝壳创作的主要题材、贝壳的用途等。学生了解各种各样的贝壳后，对贝壳创意绘画和立体组合有了一定的基础。

第二阶段：贝壳创意绘画练习。学生根据所了解的贝壳种类和造型特点，先画出外形，再根据贝壳的纹路设计花纹，学生还可以根据贝壳外形进行变形或组合，进行创意贝壳绘画。通过"美丽的贝壳"主题绘画，展示一个美的、有生命的、充满想象的贝壳世界。

第三阶段：材料装饰画创作，贝壳创意粘贴画、贝壳立体组合造型。先从简单平面造型的组合练习，将贝壳与其他物体造型联系起来，是让学生对生活中的材料应用有个相应的了解，进行组合，再创造。重点放在学生学习活动方式的灵活多变和体验上，让学生体验动手制作的乐趣，发现颜色、大小的搭配和组合的乐趣。采用提问、示范、讨论及作品赏析，引导学生进行创作。在评价整理阶段，给学生鼓励，促使学生在学习过程中逐步学会自主学习。

第四阶段：贝壳与其他综合材料结合的创作。让学生在拼摆贝壳的过程中进行

联想，能充分发挥学生的思维创造能力、培养学习的自信心和参与活动的兴趣。重点关注学生能否进行大胆想象，大胆运用材料进行装饰，给予适时的引导帮助。

后期注重收集学生学习反馈、教师教学反思、整理课程内容资料，为课程内容的延伸和深入建设打下理论基础。

七、课程实施成效

（一）注重分析比较，提高图像识读能力

在开发小学美术贝壳创意制作课程的过程中，教师首先要做的就是提高学生的图像识读能力，在美术教学中，图像识读是指对美术作品的观看、识别与解读，这是学生学习美术的基础。在美术贝壳课堂上引导学生对不同的美术作品进行比较与分析，让学生观察每一幅美术作品之间的异同，从造型、色彩、质感、构图、主题创意上进行对比，让学生能够更加深刻地感受到美术作品的不一样的审美，深入理解作品的内涵。引导学生独立思考，使得学生能够多了解贝壳文化。

（二）锻炼学生自主，提升美术表现素质

当下教学要求教师引导学生进行自主学习与探索，这样能够充分发挥学生的主观能动性，使得学生的积极性能够被充分调动起来。在开发小学美术贝壳创意校本课程的过程中，引导学生个性化进行美术作品的创作，让学生将自己脑海中最个性的创意思想去创作实践，让学生能够更好地运用自己学到的知识，用美术作品来表现自己的想法，提升学生的美术表现素养。

（三）开展小组合作，强化审美判断素质

强化学生的审美判断素质，提升学生的审美能力，是必须进行的美术教学训练，在开发小学美术贝壳创意特色课程的过程中，将学生分为几个小组，引导学生以小组为单位对贝壳制作的美术作品进行感知、分析、实践与评价，能够充分调动学生的积极性，加强学生对美术作品的赏析能力，从而更好地强化学生审美判断素质，促进学生核心素养的发展。让学生以小组为单位进行探讨分析，仔细分析每一个工艺品的特点，引导学生在交流讨论的过程中加深对美术作品的理解，能够形成基本的审美能力，营造出良好的课堂学习氛围，在这样的课堂氛围中，学生也会逐步形成自己独特的审美趣味，最终使学生审美判断素质得到强化和发展。

（四）引导学生创作，促进创意实践素养

创新思维是学生核心素养发展的主要部分，关系着学生未来的发展。在开展贝壳特色课程实践的过程中，给予学生充分的自主思考的空间，结合实际生活引导学生进行创作，让学生充分发挥自己的想象力，能够让学生创造出充满个性化创意的美术作品。引导学生以小组为单位进行自由创作，自主完成构思，绘制草图，就草图进行交流与讨论，对草图进行不断地改进与优化，最终完成纸笔筒的制作，这个过程充分促进学生创意实践素养的发展。

（五）结合传统文化，发展文化理解素养

在开发小学美术贝壳创意特色课程的过程中，教师意识到传统文化的继承与弘扬的问题是难点，将传统文化元素与小学美术贝壳创意特色课程结合起来，对学生进行传统文化的渗透教育，能够在激发学生对贝壳的兴趣的同时潜移默化让学生认识学习中华优秀传统美术文化的内涵，感受传统美术文化的独特魅力，增强学生对于中国传统文化的认同感，发展学生的核心素养。例如，在学习《自己做镇纸》时，教师可以在制作镇纸的材料中加入贝壳，让学生用贝壳为镇纸做点缀，在课堂上，教师可以先制作一个以贝壳为材料的镇纸，吸引学生的注意力，激发出学生的兴趣，随后通过多媒体为学生展示介绍镇纸的历史，加深学生对传统文化的认识，同时引导学生如何创作镇纸。

八、课程延展

（一）结合我校"海润生命"课程开展学科融合美育教育

为了全校学生的发展，为了学生发展的全面性和个性化，学校进行了学科间的渗透和融合，这也是现代课程改革的趋势，旨在挖掘各学科的人文资源，研究和把握学科之间知识技能的迁移和横向联系，使得学生的人文素养得到提升，这不仅有利于激发学生的学习兴趣，提高美术课堂的教学效果，更有利于学生创新思维与综合研究能力的培养。如与语文学科的融合，既符合社会发展的要求，又符合学习者的需要。让学生研究风俗民情、传统文化、传统故事，以及描写贝壳或者海洋文化有关的诗文、故事等，根据所学的知识，充分发挥想象力，创作出风格各异的图画；社会生活与思品教育跟美术学科融合，让学生在大自然中体验美、感受美，用自然界的材料，如贝壳、海螺及其他综合材料来表现美。让美术课程设计向真实生活情境转化，让课程内容充满家乡情怀和人文精神，体现综合学习的魅力；美术与科学相融合，自然环境中有着无穷无尽的综合性学习内容，美术创作的过程都是对生活的理解和感受的过程，充分利用周围的海洋环境资源，可以拓展学生进行综合性学习的领域。在新视野下，美术不再是一门独立的学科，与其他学科有着千丝万缕的联系，各种知识在美术课堂上相互交汇、融合、升华、取长补短，这种综合性的美术学习模式更贴近学生的生活，更能激发学生学习美术的兴趣和提升学生的综合艺术素养。

（二）贝壳在生活中实用性的探索

在贝壳创意制作课程的学习过程中，学生从多个角度探索了贝壳在生活中的实用性，从美术角度，创作出来的贝壳创意作品比如风铃、手链、小饰品等，可以给生活增添一些有趣的色彩，装扮空间或者服饰；学生在了解贝壳的文化历史、种类、特点等知识的时候，又了解了贝壳的药用价值，研磨成粉末可以成为动物的钙元素补充物，利用食用废弃物贝壳作为原料能够制取乳酸钙，成为有机钙源。

（三）整合教育资源，搭建美育空间

美术课标要求我们尽可能运用自然环境资源进行美术教学。我校地理环境得天独厚，海滩上的贝壳形状各异，俯首可拾，为开展具有地方特色的美术教学活动提供了物质条件，以海洋文化为主的校园文化以及美术学科的贝壳创意制作特色课程对孩子审美能力的培养起到潜移默化的作用。我校搭建了美术学习空间，让学生参与学习环境的布置，如利用贝壳创意作品装扮美术室，搭建海洋文化室，用来展示学生的创意作品和相关贝壳、船模，因地制宜将许多材料引入学习空间。这样的美术学习空间具有鲜明的地方特色，体现浓郁、拙朴的造型之美，还渗透着环境保护、废物利用的意识，深受学生的喜爱。

（四）校馆融合，形成课程架构落地的合力

要将美术学习提升到文化学习的高度，仅仅靠本学科的课程资源是不够的，只有以教材为中心打破学科本位的观念，拓展课程空间，充分利用社会各类教育资源，将其综合到美术课当中，才能真正提升学生美术素养。比如组织学生参观古元美术馆、珠海市博物馆、海洋馆、科技馆等，校馆结合，让相关文化深刻印在他们心中，使学生的综合文化素质得到提升和发展。

九、课程探讨与反思

（一）综合性美术课程的开发

课程是什么，课程即教学科目，是有计划的学习活动，也是预期的学习结果及学习经验，但它更是社会文化再生产和社会创造。本课程采用项目化学习的方式，结合案例，将美术课程的理论问题与具体案例相结合，从课程目标、内容、设计、资源到综合性美术课程的开发，帮助学生综合地把握美术课程的学习和实践。教师在课程开发过程中参与到不同层面的课程开发，并发挥了积极作用，特别是在综合性美术课程开发的过程中，致力于使学生在接收新课程的同时，可以通过从课堂上的亲身经历来决定学生自己的目的和意义，形成他们自己的观点。

（二）转变教学思路，创新教学方式

贝壳创意特色课程注重学生想象力的培养和个性认知的充分结合。虽然美术作品是静态的，但在课程中我们更关注到学生的动态过程，学生在课程中除了能学习技能技巧，还需要学会合作、学会表达、学会思考。由动态向静态的转变自身就是一种创造，比如将动态的飞鸟、轮船、海浪等用静态的贝壳组合来表现，用美术教学的个体独创行为决定了美术课堂教学的创新性。在教学思路和教学方式的转变上，从原来的教师传授为主转变为注重引导学生积极思考，并能充分给予关注，尊重个体感知，打开想象的大门，引导学生关注自然材料，发展学生的空间想象能力，引导学生积极参与合作、充分体验生活和丰富生活经验，为发展想象力创设条件，不刻意追求图画的完整与美观，重点关注孩子的创造力发展。

（三）遵循学生自主性原则、发展性原则和差异性原则，提高教学有效性

美术教学是"教"与"学"的有机统一，学习是教学的中心。教师是应学而教，教以促学。按照学生自主性原则，教师确立学生的主体地位，尊重学生的主体人格，树立新型师生关系，贯彻"全人发展"的思想。环境育人是一个"隐性课程"，对学生能进行潜移默化的教育。各种丰富的美术活动以灵活多样的教学形式，把全体学生的普遍参与度和发展不同个性有机结合，为学生提供发展个性的空间。传统整

齐划一的教学模式不利于学生特长的发挥、个性的发展，应该依据学生的差异，优化教学过程，实施差异教学，才有利于学生的发展和美术素养的提高，才能充分调动学生积极参与、大胆探讨，在全面提高教学质量的基础上，对知识和技能基础不同的学生实行的分层教学，使有效教学真正取得显著成效。

（四）结合艺术展馆和社区文化平台开展丰富的贝壳课程活动

艺术展馆和社区文化的建设有助于提升人们的精神境界，具有寓教于乐的特征，并能积极倡导社会主流的价值观、人生观以及行为方式。在长期的文化艺术熏陶之下，培养学生高尚的道德情操，净化他们的心灵，积极提升文化艺术品位，引导学生主动追求真、善、美。结合艺术展馆和社区文化平台开展丰富的活动，不但是美术教育的实际要求，同时是美育的有效途径，有助于提高文化归属感与认同感，在文化艺术活动中受到熏陶和感染，让人心得以凝聚和升华。

（五）幼小衔接课程教学，实现课程架构及实施的一体化

幼小衔接是指幼儿园和小学两个教育阶段平稳过渡的教育过程，也是幼儿在其发展过程中面临的一个重要转折期。这个过程中除了关注孩子学习，更要注重对孩子学习兴趣、独立生活能力、与人交往能力以及挫折承受能力的培养。通过贝壳创意制作课程的学习、项目化学习，能够培养学生独立思考和合作学习的能力，小组讨论中能够训练学生敢于表达自己，并且能够快速融入团体，消除幼小转折期的陌生感和距离感。在这一过程中，我们关注学生的需求，减少对学生的控制，他们有自己独特的个性化思考，同时真正有效地、及时地评价学生，让学生得到充分鼓励的同时真正明确自己的前进方向。教师用丰富而有趣的教学活动引导学生进行课程的学习，还拓展为家校合作的亲子创意实践活动，融合了家庭的资源和社会的资源，使学生学会将学习融入生活中，学以致用。

（课程材料提供：吴青燕 魏虹）

课题：儿童毛线画的教学研究

一、问题的提出

儿童美术教育是促进儿童身心发展的重要的教育活动，所有的课程都要从人生实际生活与经验里选出来。毛线艺术品作为民间艺术之一，它源于民间的美术活动，也是儿童美术教育的有机组成部分，它具有特殊的审美情趣和魅力，是一种具有创造性的活动。"毛线画"是巧妙利用学生身边容易找到的毛线材料，融艺术性与趣味性为一体的平面或立体的绘画作品，在艺术想象的作用下焕发出无限的艺术魅力，使毛线画更具有艺术的韵味。它集剪、扎、卷、编、贴、画等技法，使儿童在动手实践中发展创新意识和创造能力。我们以其为切入点，利用学生美术绘画能力塑造较为复杂的图案，利用学生手工动手能力将各色毛线用粘贴、缠绕、编制等方法创作出手工和绘画一体的毛线画作品，以提升儿童的想象能力、创作能力、动手能力和应用能力。

二、问题解决的设想

在课题实施过程中，我们主要运用行动研究法，研究儿童美术活动目标、内容、方法等，设计课堂毛线画的教学方案，不断反思，提出相应的可行的活动策略。具体来讲，包括了文献法、案例分析法、行动研究法等。

（一）文献法 —— 通过对文献的检索和分析整理，了解儿童美术教育思想，结合当前儿童毛线画所要达到美术教育的目的，寻找相关的理论和经验，为研究提供了理论依据，指导研究方向。

（二）案例分析法 —— 一是研究儿童毛线画案例、分析儿童作品与个性发展；二是研究教师的教学设计案例、凝聚教育智慧。

（三）问卷调查法 —— 结合课题研究需要，通过调查问卷了解家长对毛线画的了解、掌握程度，家长对实施毛线画教学所持的态度及了解家庭开展毛线画的现状，包括重视程度、指导意识、评价指标，以更加积极有效的观念、策略，指导家长开展毛线画亲子活动。

（四）行动研究法——结合小学美术教育理论，调整毛线画创作活动目标、内容、方法等，设计回归儿童生活的活动方案，提出相应可行的活动策略。将研究内容和实际工作紧密结合，通过教师的环境创设和家长们的密切合作，不断发现问题，修正研究方案，使研究更趋合理，科学。

三、实施步骤

（一）准备阶段（2016年1月—2016年3月）

（1）选择对象，进行基础调查。

（2）确定研究方案、探索阶段。首先搜集整理有关毛线画教学的形式、类型、技巧的资料，组织研讨，达成共识；然后进行毛线画教学的探究，研究适合小学的毛线画课堂活动内容、类型、活动形式，为构建儿童毛线画系列活动打下基础。

（二）实施阶段（2016年3月—2016年9月）

（1）通过课堂指导、案例分析、经验介绍、交流讨论的方式对本课题深入研究。

（2）教师对家长进行指导。让家长了解毛线画对儿童美术创作的重要性。

（3）实施课题方案，积极进行反思与调整，不断总结经验，注重及时评价，突出日常性、过程性的评价。

（4）构建小学美术课堂毛线画教学特色系列活动，以年级为单位，选择制订研究具体方案，构建框架和内容，确立目标，制定计划，开展系列毛线画活动设计。

预期成果（成果的呈现形式及成果名称）：

阶段性成果：《儿童毛线画教学案例集》

《对毛线画的认可程度调查问卷》

《毛线画制作亲子活动展》

最终成果：《毛线画课程活动荟萃》

《"趣味毛线"——毛线画作品集锦》

毛线画优秀作品参赛

（三）总结阶段（2016年10月—2016年12月）：

整理、总结前阶段研究成果，编辑出版部分研究成果。

问题及困惑：

（1）毛线画作品容易开胶破损不易长久保存。

（2）美术课时不集中，学生创作时间不够。

（3）毛线颜色不全，画面一些颜色达不到理想效果。

四、结题

（一）问题的提出（略）

（二）问题解决过程、步骤

1. 感受毛线画教学魅力

毛线艺术品作为民间艺术之一，它源于民间的美术活动，也是儿童美术教育的有机组成部分。它具有特殊的审美情趣和魅力，是一种具有创造性的活动；它集剪、扎、卷、编、贴、画等技法，使儿童在动手实践中，发展创新意识和创造能力。2016年3月初收集大量毛线画作品及其制作过程的图片视频，让孩子们感受毛线画的艺术美，熟知毛线画的创作过程。

2. 探究毛线画教学方法

（1）前期准备：

发挥校园环境育人的作用，加强宣传，激发学生学习兴趣：通过课堂讲解，教师作品展示向学生介绍、宣传毛线画艺术。美术室是学生毛线画活动小组的主阵地，凸显毛线画艺术特色，在教室里布置学生毛线画作品，使越来越多的学生对毛线画由陌生到感兴趣，激发学生探究欲望，营造校园良好的艺术氛围。

（2）教学时间：

①每周有两课时的课堂教学，讲解毛线画的特点及学生创作时老师讲解注意事项。

②利用放学后一小时的时间开展美术兴趣班的活动，将毛线画纳入兴趣班课程，将美术课所进行的创作给予指导和修改，及时地做到培优辅差。

（3）课程内容：

第一阶段：主要对技法的掌握。

第二阶段：能熟练地掌握技法并能创作毛线画作品。

第三阶段：创作阶段根据自己的艺术特点创作平面毛线画作品。

第四阶段：研究创作如何将平面毛线画升级成立体毛线画作品。

（4）授课形式：

授课形式主要采用：课堂教学、美术兴趣班教学、个别培优辅差及家校联合等形式。让学生创作出自己特色的作品；让孩子们对毛线画教学从接受到逐渐喜欢。

3. 巧用毛线画开展活动

（1）家校联合：发动家长积极配合毛线画的学校创作，学校美术课时有限，在学校老师指导一定的技法后，回家继续创作，家长可以监督协作，还可以作为亲子活动共同创作，让毛线画成为美术连接校与家的纽带。

（2）巧妙地利用学生的毛线画作品进行校园文化建设的布置，既美化校园增强毛线画的宣传作用，又大大增强学生的创作信心，起到事半功倍的作用。

（3）美术兴趣班的学生作品可以尝试去参加各种美术比赛。

（4）学期末将所有毛线画作品集中布展，力求做到人人参展人人得赞，让孩子们爱上毛线画。

4. 针对毛线画调查研究

对毛线画教学进行问卷调查，调查问卷分为家长卷和学生卷两种，针对性调查内容：

（1）对毛线画的喜爱程度。

（2）学习毛线画希望得到哪些进步。

（3）毛线画的创作难度。

（4）对开展毛线画的建议。

（三）问题解决方法（略）

（四）成果陈述

《儿童毛线画教学案例》《对毛线画的认可程度调查问卷》《毛线画制作亲子活动》《毛线画课程活动荟萃》《"趣味毛线"——毛线画作品集》《儿童毛线画的教学论文》《毛线画在小学美术教学中研究报告》、校园毛线画作品展、辅导学生毛线画作品荣获珠海市香洲区少儿花会金奖。

（五）成效分析

1. 学生的成长

学生能够熟练地掌握毛线画的技能和方法，能够独立地创作完成毛线画作品。通过对毛线画的学习，培养学生想象力和动手能力的同时，更激发了学生热爱生活的情怀，让孩子们真切感受到艺术源于生活。

2. 教师的提升

通过微课题研究，让普通教师拥有了个人研究的小天地，更加直接地解决了教育教学中的问题与困惑。通过多种教学手段帮助学生从毛线工艺中吸取有益的营养，丰富了教师民间艺术理论知识，同时对教师自身知识储备的扩展起到了极其重要的作用。

3. 学校的发展

毛线画教学的开展不仅丰富了学校美术教学活动，更是对校园文化特色的一种挖掘和展现，使校园文化更具传统文化底蕴。

（课题提供：管艳欣）

课题：小学美术基于社团"手工布艺"课程的开发与研究

一、研究思路

首先是成立课题组，制订课题组管理条例，课题组成员明确分工与职责，根据课题方案，确立相应的具体化的研究内容。

其次，执行计划，开展研究、创编教材，确定了教材的内容框架，收集、整理课题各项活动的资料，及时提炼研究成果。以课题研究目标为标准，对课题研究进行科学分析与归纳，整理汇编各种研究资料。

最后，汇集课题研究成果，总结各项研究资料，撰写结题报告，在全校范围内形成一个低耗高效，适合我校自身发展的美术"布艺"课程体系，推动整个学校美术教育的发展。

二、研究方法

（一）调查研究法：综合运用多种方法和手段，有计划有步骤地调查、了解、分析美术手工课的现状、影响手工课正常开展的因素，归纳概括出具有共性特征和普遍意义的问题，进行广泛的班级调查，真切地了解实际情况，掌握丰富的一手材料，为课题研究提供充足的事实依据。

（二）文献研究法：搜集、整理、掌握现今国内外相关的教育教学理论及与课题相关的论文、论著，为课题研究提供充实可靠的理论依据。

（三）行动研究法：通过对各案的研究并推广，在实践教学中不断探索和完善，使理论与实践紧密结合。

（四）实验法：研究"手工布艺"社团教学，和普通学生作对照，列出具体参数。

（五）总结法：在实际教育教学工作中寻找课题研究的立足点，研究者与实践者互为一体，贯彻边研究边总结的精神，致力于实际问题的真实有效的解决。

三、研究过程

前期准备阶段（2016年9月—2016年11月）：

（1）明确研究方向，确定课题题目。收集资料，制订课题研究计划，学习相关资料。

（2）进行文献研究，收集整体与本课题研究相关的理论文献和实践经验材料，为今后的研究做准备。

中期实施阶段（2016年12月—2018年9月）：

执行计划，开展研究、收集、整理课题各项活动的资料，及时提炼研究成果。

（1）根据研究计划，拟定"手工布艺"课程目标及课程方案。

（2）创编教材，确定了教材的内容框架，根据框架内容实施教学，最后汇总各组资料的基础上编写《手工布艺教程》。

（3）利用调查问卷形式，总结出当前在开设"手工布艺"课程中存在的问题，针对问题分析情况，写好一份调查报告。

（4）课题中期总结，总结存在问题；开展教学研讨，针对"手工布艺"社团活动课程中存在问题提出对策；立足于实践，分析得失，提出改进措施。

（5）围绕"手工布艺"课程，定期举办作品展，开展系列活动，如现场"亲子手工布艺"大比拼、艺术节 DIY 时装秀等活动，丰富学生的校园生活。

后期总结阶段（2018 年 10 月）：

以课题研究目标为标准，对课题研究进行科学分析与归纳，整理汇编各种研究资料。汇集课题研究成果。总结各项研究资料，撰写结题报告。

预期成果：以新课标为指导，根据学校的办学理念和教师的个人专长，立足于本校手工布艺社团教学实践，开发和研究出符合我校实际的特色"布艺"课程，同时以点带面，面向全体学生，开展丰富多彩的美术手工活动，提升学生的动手实践能力和创新意识，激发学生对美术学习的持久兴趣，在全校范围内形成一个低耗高效，适合我校自身发展的美术"布艺"课程体系，推动整个学校美术教育的发展。

四、成果形式

课题结题报告；手工布艺校本教材及课程架构；课题研究论文；学生手工布艺作品；汇编师生手工布艺作品集；教学案例；教具制作等等。

五、问题及困惑

在教学实践的过程中发现新形势下的"手工布艺"课教学还面临着许多问题和挑战，归纳出以下几种存在的问题：

问题一：我校是一所新学校，目前 1—4 年级总共 10 个班，其中一年级占据了 6 个班，三、四年级每个年级仅有 1 个班，总共才 70 多人，并且这 70 多人已经分布到其他社团，导致我目前的"手工布艺社团"成员基本上都是一、二年级的学生。一、二年级美术手工课堂上，学生带来的材料很多，如果老师组织处理不当，就会造成混乱、无序、学生无所事事、教室弄脏的局面，难以收场。手工布艺的针线活技术对于现代生活在城市里的孩子来说是一片空白，他们从小和动漫、卡通为伴，玩的多半是电子、绒布玩具，接触这类手工活动的机会很少，所以那些基本的缝制技法要从零开始教。

问题二：学校七彩课堂，尽管已经制定了相关制度要求，但是还是有部分学生的手工材料带不齐。

问题三：目前我所任教的低年级每个班每周只有1个小时的社团活动时间，动手实践时间少、学生年龄小，1个小时手工作业难以完成。

问题四：目前的研究还停留在较为浅显的层次，只是一些零碎的经验，未建成完整的体系。

问题五：我区也有部分美术教师对手工课教学进行研究，但是没有人涉及布材料的研究，希望得到外出学习的机会和专家的指导。

（课题提供：袁满娥）

美育地方特色课程的开发是新时代教学发展的必然趋势，能够充分满足学生发展的需求，同时也能促进教师职业生涯的发展。课程设置不割裂课程之间的关联、不割裂学生的年龄去进行创作、不割裂材料形式的表现，除了呈现课程教学成果外，更要呈现学生的学习过程及作为"人"的素养的培养内容和过程。遵循学生发展的自然规律，关注学生的参与态度和努力程度，关心学生艺术创作过程中的心理变化，尊重学生的个性，以美术为视角，强调情感自我表达和创造力共同发展，推进美术课程教学内涵发展。

手工课是学生特别乐于参与的一项美术活动，也是他们表达情感的一种方式。在"毛线画"及"手工布艺"课题获得立项前，老师们就已经开展了研究实践，利用学校每周的拓展课堂时间，带着一群喜爱"玩布""玩线""玩绳"的孩子一起动手进行"手工"的创作。这些材料的手工课程在小学美术教学中是冷门，经常会被老师、家长们认为有安全隐患，孩子们使用剪刀、针线等工具会不成熟老练，剪到手、刺到手，或说只适合女孩子玩的手工，也有的老师认为不是自己擅长的门类，经常被忽略掉，但这些老师却大胆尝试着在小学生中开展这样的特色教学活动，大胆创新，很有自己的教学思想。他们能充分利用家长资源开设特色课程，除了培养孩子的审美能力、动手能力、创新能力外，还扎实有效地在课程实施过程中对学生进行人格培养，孩子们在体验手工创作课堂学习的同时逐步形成细心观察、用心思考、毅力坚持、应对难题、解决难题的优良品质。作为教师，应当了解并结合学生学习的需求进行美育课程的开发，逐步实现课程、空间、师生相融，结合艺术展馆和社区文化平台开展丰富的美术课程展示活动，努力践行"一校一品""一校多品"的学校教育发展方向，最终推动学校美育发展。美育的过程本应该就是心灵滋养、人格完善的过程，这些老师就是带着这样的思想和理念在他们的教育教学工作中去努力践行的。

第五章　美术实践活动与拓展

随着美育教育改革的不断推进，孩子对美术课的形式和内容有了新的期盼，这无疑给学校美术教学提出了更高的要求，我们的美术教师对课堂教学有了新的思考。

　　拓展在课程与教学改革中，是一种新的课程价值观。在成功的美术课中，拓展成为学生发展与自我表现的空间。但是，拓展也有一定的条件与局限，最好围绕课标与教材中应完成的基本教学任务进行。走出书本，走出课堂，走出校园，课程资源开发有助于在更广泛的领域和范围去选择各样资源，实现校内和校外资源搭配、融合和补充，有助于用更优越的课程资源代替传统的课程资源，用开发和创制的课程资源弥补现存课程的不足，由此优化课程资源结构，创造环境，实现育人目标。

活动内容："阳光下成长"全国第五届中小学生艺术展演活动

2016 年 4 月 11—16 日在青岛市举办了全国第五届中小学生艺术展演活动。展演活动的主题是"阳光下成长"。培养了青少年健康的审美情趣和良好的艺术修养，展示了各个民族的生活习俗、人文风彩和校园文化。在美术作品中，学生们会使用各种废品来制作出有用的艺术装饰作品，让更多学生感受到美并会表现美、欣赏美、创造美。全国各地乡土文化淳朴而清新！艺术的表现形式多样，向全国观众呈现了一场淋漓尽致的艺术盛宴。面向全体学生，人人享有艺术，普及艺术教育，谋求特色发展是我们艺术教育工作者的使命！

活动内容：珠海市香洲区第四小学"民风民韵 我行我秀"读书节、艺术节现场展示活动

一、指导思想

本次读书节、艺术节以育人为宗旨，面向全体学生，传承民族文化，激发学生对民族艺术、文化的兴趣和爱好，培养学生健康的审美情趣和良好的艺术修养，丰富校园文化生活，推动学校读书特色、艺术教育健康发展。

二、活动主题

传承·体验·创新

三、活动项目及评分细则

第一部分：读书节读书特色

五月份读书特色活动安排表

时间	年 级	内容	地点	备注
五月份	一年级	写好规范字我能行		
五月份	二年级	启智蒙学背背看		
	三年级	知识活用书写大比拼		
	四年级	中华好诗词		
	五年级	古诗背诵我最行		
	六年级	快乐阅读，书香满园		

现场展示活动：（待定）

第二部分：艺术节美术创作

内容要求：

（1）本届艺术节着重展现四小学生热爱生活、努力学习、勤于探索、敢于创新的风采。内容上要紧扣时代脉搏，弘扬中华民族优秀文化，形式上要突显校园特色，符合学生特点，以粉笔画、剪纸、泥塑建议书形式展现四小学生的艺术创作风采。

（2）本次艺术节标徽、口号和宣传招贴由学生创作设计。（3—6年级各班选出10人作品上交给年级组长，年级组长将作品交给年级负责的美术老师，4月8日前完成收集工作。三、四年级黄剑雨负责收集作品并在各年级评选出10幅优秀作品上交学校，五、六年级魏虹负责收集作品并在各年级评选出10幅优秀作品上交学校。）

（3）3月份进行全校动员倡议。

细则：

展示项目	参与对象	具体主题	材料准备及尺寸要求	展示时间（暂定）	展示地点	负责教师（略）
粉笔绘画现场展示	五、六年级各班提前在班级海选10名选手参加校级的现场创作	展示具有民间特色的儿童农民画，以反映"美好生活"为主题创作	可提前自行准备好打印的参考资料。要求用彩色粉笔作画。（彩色粉笔学校统一提供，其余自备。）	2016 年 5 月 31 日下午 2:30—4:30	篮球场靠校门口处大榕树下的地面。学校会提前为各班级画好绘画区域	
现场剪纸展示	三、四年级各班提前在班级海选10名选手参加校级的现场创作	以反映"美好生活"为主题进行创作，展示具有民间特色的"儿童剪纸作品"	用彩色蜡光纸创作。单件作品大小自定，但整体设计排版展示不能超过学校提供的展板的尺寸240厘米×118厘米（学校统一提供蜡光纸，其余自备。）	2016 年 5 月 31 日下午 2:30—4:30	一楼风雨球场	
现场"泥塑亲子乐"活动展示	一、二年级全体师生及各班10名家长参与	以"快乐的生活"为主题的"泥塑亲子乐"活动	各班要有PPT展示主题作为背景，完成后各班选出20名学生代表跨班参观分享。比赛所需材料自备。	2016 年 5 月 30 日下午 2:30—4:30	各班课室	
部分学生参加学校现场艺术创作的时候，其余学生在班级开展游园活动。						

附：评分表

粉笔画展示评分表

班级	主题内容风格（2分）	画面整体效果（包括创意、色彩、构图、手法，共4分）	小组合作（2分）	创作时间（1分）	活动结束后的现场清理(1分)	总分（满分10分）
五（1）						
五（2）						
……						
评奖	各年级评出一等奖两名，二等奖两名或者三名。评委由家长、专业教师组成。					

剪纸展示评分表

班级	主题内容风格（2分）	整体效果及创意（包括小件作品的设计、剪法、展板整体排版装饰等，共4分）	小组合作（2分）	创作时间（1分）	活动结束后的现场清理（1分）	总分（满分10分）
三（1）						
三（2）						
……						
评奖	各年级评出一等奖两名，二等奖两名或者三名。评委由家长、专业教师组成。					

泥塑展示评分表

班级	主题内容风格（2分）	整体效果及创意（包括整体摆放、个体的制作等，共4分）	小组合作（2分）	创作时间（1分）	活动结束后的现场清理（1分）	总分（满分10分）
三（1）						
三（2）						
……						
评奖	各年级评出一等奖两名，二等奖两名或者三名。评委由家长、专业教师组成。					

第三部分　大型游园活动

2016年5月31日下午，各班除了参加艺术节美术现场展示的学生，其余学生在班级开展游园活动。各班组织学生自定游园主题，要求开展健康、向上、有意义的活动，在活动过程中，学生可以走到操场观看美术现场展示，为本班的选手加油，同时可以欣赏学生的艺术作品。活动过程中要求正副班主任关注安全，学生组织有序。一、二年级的"泥塑亲子乐"活动与游园活动时间错开。

（一）活动形式

面向全体学生，班级开展、层层选拔、学校进行决赛。

比赛形式：

（1）3—6年级各班提前海选赛，比赛所需材料自备；

（2）3—6年级各班海选出10名选手参加学校的集体擂台赛；

（3）1—2年级师生全员及部分家长参与。

（二）注意事项（略）

附：学生艺术节设计稿征集表

"民风民韵 我行我秀"
2016 年香洲四小艺术节标徽、宣传语、宣传广告招贴设计稿征集

班级：　　设计师姓名：　　　　截稿时间：2016 年 4 月 8 日

艺术节标徽设计：	艺术节标徽设计理念：
艺术节宣传语设计（不超过 20 个字）：	
艺术节宣传招贴广告设计（色彩稿）：	
是否获奖：	是否采用：

2016年香洲四小"民风民韵　我行我秀"
读书节、艺术节活动倡议书

亲爱的同学们：

我国具有灿烂的文化、悠久的历史，中华民族文化几千年历久不衰，中华文化的链条没有间断，过去历史上一些文明古国，古埃及王国、古巴比伦王国等等，他们都已经不复存在，中华文化历久不衰，原因就是我们保护、传承、发展了我们的文化。而我们学校一直以来是以"传承民族文化"为核心开展了"经典诵读""传统游戏擂台赛""文艺会演"等丰富多彩的活动，全校师生都能感受到民族文化的魅力，并积极投入其中体验其带来的无限快乐！

大家都知道：艺术来源于生活。学生的创作源泉是和所处的生活环境分不开的。这学期，我校教导处和德育处将联合开展一次香洲四小"民风民韵，我行我秀"的读书节、艺术节活动。本次读书节、艺术节以育人为宗旨，面向全体学生，传承民族文化，激发学生对民族艺术、文化的兴趣和爱好，培养学生健康的审美情趣和良好的艺术修养，丰富校园文化生活，推动学校读书特色、艺术教育健康发展。从今天开始，读书节、艺术节活动正式启动，各类系列活动的开展一直延续到"六一"前。暂定在5月份的最后一周进行"读书节"和"艺术节"的现场展示活动，既是一次民族文化的大放送，也是送给我们自己的"六一"节大礼！

要求：

（1）"读书节"的现场展示活动待定。

（2）三、四年级学生参与"艺术节"的标徽、口号、宣传招贴的创作设计，今天各班会发放征集稿，4月8日前完成收集工作。

（3）"艺术节"活动内容：五、六年级以粉笔画形式创作儿童农民画，三、四年级以民间剪纸形式自由创作，一、二年级以橡皮泥形式开展"亲子乐"活动。要求三到六年级各班在5月之前进行海选赛，选拔10名种子选手参加校级5月底"艺术节"的现场展示赛，一、二年级全体学生和部分家长参与。活动中要求展现我们四小学生的艺术创作风采和精神面貌！请同学们积极关注和参与！

同学们，让我们携起手来，开创一个属于我们自己的美好天空！让我们快乐起来！飞扬起来吧！

班级_____姓名_____

六年级基于"展才艺 秀风采"艺术节主题项目学习

老师们、同学们：

在这个绚丽多姿而又充满生机的美好时节，我校"展才艺 秀风采"校园艺术节拉开了帷幕。在此，向为艺术节各项活动付出辛勤劳动的老师和同学们表示衷心的感谢！向我校艺术节活动的隆重开幕表示热烈祝贺！

"艺术节"是校园文化的窗口，是我们学习成果的呈现，是全体师生展示才艺的舞台。艺术节活动的顺利开展一定能够为我们营造一个更加团结、活泼、积极、向上的富有浓厚艺术气息的校园文化氛围。我相信，有了全体师生的大力支持和热情参与，我校艺术节活动一定是多姿多彩，充满朝气和活力。我更相信，只要同学们积极参与、努力实践，无论是否得到掌声和鲜花，都会收获一笔宝贵的人生财富；无论比赛成绩高与低，只要参与过、激动过、欢呼过，就将拥有一份美好的回忆。

本次艺术节的主题是"展才艺 秀风采"，立足于面向全体学生，持续一个多月，其间，将举行丰富多彩的活动：书画展、表演唱、合唱经典诵读等。

同学们，艺术节的舞台已经搭好，序曲已经唱响，请亮出各自的绝活儿来尽情演绎，用你们优美的歌声、动人的舞姿、色彩明快的绘画，展示我们积极向上的精神风貌，用饱满的自信和激情来表达我们对校园生活的热爱。愿我们大家都能成为艺术节上一个个跳动的音符，合奏一曲美妙动听的校园乐章；愿我们的校园，时时飘荡着快乐的歌声，处处散发文化的芬芳，始终洋溢着蓬勃的朝气！

一、请给艺术节设计一个标徽吧！

（有创意、要求图形简约、意义深远、色彩亮丽，简单写出标徽的设计意图。）

标徽设计图：

标徽的设计含义：

班级　　　　姓名

二、再来给艺术节设计一张宣传海报吧！

（有创意、图文并茂、主题突出、色彩亮丽；可以横构图，也可以竖构图。）

三、简单撰写一份本次艺术节的活动方案

（班级活动方案）（有标题、活动目的、活动时间地点对象、活动具体要求和活动安排等，字数不超过400字）

班级　　　　姓名

四、读一本喜欢的艺术类书籍

（可以是音乐方面的、美术方面的、综合艺术方面的，可以是讲关于艺术家生平事迹的，也可以是讲关于绘画、音乐知识方面的，等等。）

书名		阅读完成时间	
作者		出版社	
书籍内容简介			
精彩句段（故事、事件）分享			
读书体会（心得或感悟，300 字左右）			

五、介绍一位我喜欢的艺术家

艺术家姓名		艺术家出生的时间	
艺术家所在国籍		艺术家出生地	
艺术家生平简介			
简单介绍这位艺术家的一幅代表作或者代表曲目			
谈谈对这位艺术家的看法（250 字左右）			
给这位艺术家画张漫画（线描或上色）			

班级_____姓名_____

六、展示一下我的才艺

（将展示才艺的照片贴在此处。共 2 张）

照片一
照片二
班级 ＿＿＿＿ 姓名 ＿＿＿＿

七、你喜欢学校这次开展的艺术节活动吗？（在自己的选项括号里打钩）

非常喜欢（ ）　　　喜欢（ ）　　　一般（ ）　　　不是很喜欢（ ）

八、写出你最喜欢的（学校或班级）艺术节项目（活动）

九、请提出自己对本次艺术节开展的几点好的建议

十、请填写好活动评价表

评价项目	评价内容	描述性评价
家长评价	1. 你的孩子是否和你们讨论过他的项目内容	
	2. 你的孩子对他所参与的活动是否非常感兴趣	
	3. 你的孩子从事这项活动所投入时间和精力的程度	
	4. 你对你孩子的成果有什么看法	
	5. 从你的孩子参与这项活动开始起，你发现他（她）有没有什么变化	
学生自评	1. 你对本次活动主题是否感兴趣	

评价项目	评价内容	描述性评价
学生自评	2. 你收集资料、信息的途径有哪些	
	3. 你与他人合作是否愉快	
	4. 在活动过程中遇到困难时，你是怎样克服的	
	5. 你对你的活动成果满意不满意	
	6. 你认为还有哪些方面需要改进的	
教师评价	1. 学生对项目活动是否完成	
	2. 活动成果是否实现预定的目标	
	3. 学生是否有独创性的表现	

（活动材料提供：魏虹）

美育是整个教育不可缺少的重要组成部分，美育的最终目标是塑造学生完善的人格，这是全面提高受教育者素质的重要方面。美育，主要通过具体的审美活动，有意识、有计划地培养和提高人的审美观念和审美能力，它是指将美学原则渗透于各科教学后形成的教育。美育是一个系统工程，它是通过美学理论和审美经验的传授、学生审美活动的指导，培养学生正确、健康的审美观、审美情操，并通过审美实践活动提高学生欣赏美、创造美的能力。传统的美术学科教学内容比较单一，教法简单，基于此，国家鼓励中小学校积极开展各类拓展性的美术展示活动，这样大大改变了美术活动的课堂化教学倾向。展示活动延展性和多形式化体现个性化的趣味和探究，让学生在轻松愉悦的环境中学习，大大提高了学生对美术的学习爱好，他们能主动投入对美术知识和技能的学习与把握，并能将所学知识运用到实践中。活动模式在运用中淡化学科性，以综合的课程设计将美术活动与其他学科结合起来，开拓了思路。既达到了教学目标，又促进了学生能力的提高。也有利于教师因材施教，让每一个学生都有成就感。这种获得感的体验加上激励表现性的奖励机制，学生会付出加倍的努力，最大限度地发挥其能动性和创造力。

活动内容：珠海市香洲区香华实验学校"墨笔生花"小学生水墨画教学成果展

2017年12月的墨笔生花，墨趣含香——珠海市香华实验学校水墨画迁移教学法课题成果展在珠海市图书馆举办。活动吸引了许多学生和家长、老师前往观展，得到了市美协、区教育局的大力支持和高度评价。这是珠海市香洲区第一次展出中小学美术教学成果。广东省中国画学会副主席、珠海画院院长、珠海市美术家协会名誉主席古锦其，珠海市图书馆拓展部梁丽霞主任，香洲区教师发展中心梁允胜书记及美术教研员李靖老师，香洲区香华实验学校杨干副校长参加了开幕式并进行了剪彩。此次活动既是儿童水墨画展的开幕，更是"迁移法教学"课题研究成果的推广汇报。开幕仪式上，首先课题的主持人文丽凤老师对迁移法在水墨中的巧妙运用做了详细的阐述，课题旨在研究迁移教学法，即研究水墨画中用笔用墨的规律，归纳总结出多种迁移教学法的实施方式，帮助学生快速摸清水墨画的用笔、用墨的规律。笔墨有法而无定法，孩子能运用"已知"笔墨去寻找更有趣有效的体验方法，从而触类旁通。古锦其主席在致辞中非常肯定"迁移法"课题，认为其研究方向是非常正确的。古主席表示："生活离不开美术，社会需要大量美术人才，社会之美源于美术……而美术的推广则需要美术教师兢兢业业地耕耘、播种，让美术的种子在学生心中生根、发芽，茁壮成长。"梁允胜书记也表示："课题的开展要扎实，有效。迁移法课题组人少力量薄，但却实实在在地开展课题研究，一年半的研究成效显著。"梁书记呼吁"希望更多的中小学美术教师关注水墨画教学，也加入水墨画教学的研究中。希望水墨画迁移法教学课题组逐渐壮大，把这个区级课题推向市级、省级"。梁书记的致辞情真意切、言语间充满了对香洲区美术教学课题研究的期望。作为香洲区美术教研员，迁移法课题研究顾问李靖老师在发言中，肯定了课题组研究一年多，进行了各种务实有效的教学实践及理论探讨，把目光聚焦到学生的学习体验与进步，取得了预期的成果。希望通过课题成果的推广，能够引起大家对中小学国画教学的关注和思考。此次画展及水墨画迁移法课题的顺利开展，得益于香洲区魏虹中小学名师工作室"走出去，引进来"策略。工作室大力推动香洲区创建"创意工作室"，文老师的"国画创意工作室"应运而生。香华实验学校德育副校长杨干非常自豪地表示"香华学校的孩子们在音体美浓厚的艺术氛围的熏陶下，就是特别阳光、向上、开朗"。笔墨言志，丹青传情。画展展出了 100 多幅志趣盎然的作品，彰显了香华学校孩子们对我国传统文化传承的情结。在这秋季绚烂的日子，给我们带来了一缕翰墨清香。获得了现场嘉宾和老师们、家长们的一致好评，孩子们也在自己的画展里获得了巨大的成就感，相信他们的未来会更加大放异彩！

一年来，课题组带领着 30 多个没有国画基础、不同年龄阶段的孩子，创作了很多墨趣横生、灵巧别致的作品。

十月是丰收的季节。即将展出的 200 多幅稚趣盎然的作品，更能彰显"迁移法教学"的魅力。

这些作品既承袭了传统的笔墨又有时代的创新，饱含了孩子们的深情与梦想。我们从孩子们质朴与纯真的作品中，获得了不染纤尘的感动。希望通过此次展览，能够引起大家对中小学国画教学的关注和思考。

（材料提供：文丽凤）

中国水墨画是中华民族特有的文化符号，墨色的浓淡层次变化表现出独特的艺术效果。而儿童水墨画不只是水墨游戏的表现，也突出色彩与童趣的结合，更有一番韵味。为了能让孩子们在水墨之间感受到独特的艺术魅力，香华实验学校特举办这次"中国水墨画迁移法教学"课题成果展览。这种模式有利于"教学相长"，教师在和学生共同的探究中不断深入学和挖掘专业知识，在每天的教研氛围中快速成长，为活动积存了珍贵的经验，也促进了教师的专业成长。为学校学科整合的教育教学提供更多可能。

课程成果展活动是推动美育工作推进的良好契机，通过展示美育课程的内涵及课程开发的成果，鼓励各校完善美育教育的环境创建及美育课程的提炼形成，进一步推动学校美育课程发展、师生综合艺术素养的提升。

活动内容：珠海格力学校传统文化艺术展活动

一、活动主题：传承传统文化，铸造时代灵魂

二、活动目标

（1）面向全体，注重个性发展：每一个学生都有权利以自己独特的方式感受艺术，享受美的乐趣，参与各种艺术，表达个人的情智。面向全体，把全体学生的普遍参与与发展不同个性的因材施教有机结合起来，创造生动活泼、灵活多样的艺术形式，为学生提供发展个性的可能和空间。充分调动学生参与活动的热情，使得人人都能参与，人人都乐于参与。

（2）挖掘思维，激发审美情趣：在活动中，由师生共同体验、发现、创造、表现和享受生活中的艺术和美，帮助儿童理解美的丰富含义。鼓励儿童主动进行审美创造，通过丰富的艺术活动丰富儿童想象思维，开发其创造力的潜质。

（3）师生参与，突显艺术实践：艺术是美的实践过程，所有的艺术领域都应重视学生的艺术实践，积极引导学生参与各项活动，将其作为学生走近艺术、获得审美体验的基本途径。通过艺术实践，关注学生对艺术审美的兴趣、爱好、情感反应、参与态度，以此增加学生艺术表现的自信心，培养良好的合作意识和团队精神。

三、具体要求

【美术类】

（一）经典京剧片段欣赏 —— 展映动画

活动地点：各班级或各美术教室

负责老师：各班美术老师

（二）传统民间美术活动周

1."京剧脸谱"主题手工制作

本次活动旨在让学生在欣赏京剧经典片段后，对京剧脸谱文化有更深刻的了解，同时提高学生的手工创作能力。

活动内容 ——《京剧脸谱》

艺术实践要求：运用彩纸、皱纹纸、毛球、颜料等材料，设计一个京剧脸谱，运用剪、贴、卷、折等方法将它制作出来，要注意抓住京剧脸谱的特征。

活动对象：全体学生

活动时间：待定

辅导老师：各年级任教美术老师

展示方法：成果展示周时放在格善楼展示

2. 青花瓷手工贴画制作

本活动旨在让学生认识青花瓷，对青花瓷有基本的了解，培养学生对青花瓷的兴趣，提高学生艺术鉴赏与审美能力。

活动对象：全体学生

艺术实践要求：运用蓝色、白色彩纸及颜料、软陶等材料，设计一幅青花瓷贴画，根据学生实际情况基本表现出青花瓷的经典纹样，要注意青花瓷的特征。

3. 中国结作品制作与展览

活动对象：校级兴趣班

4. 民间剪纸作品制作与展览

活动对象：校级兴趣班

（三）成果展示筹备

展示时间：元旦

展示地点：学校

四、活动总结

闭幕式：优秀作品、优秀节目表彰

（材料提供：刘炜）

小学义务教育阶段，开展任何艺术活动的目的，是应着眼学生的艺术普及和综合素养培养，面向全体学生，使每一个孩子的艺术潜能得到开发。该活动以学生为主体，通过师生互动的形式，将学生对艺术的感受和参与度放在重要的位置。在艺术活动中，师生关系亦师亦友，让孩子们在欣赏美、感受美的同时，更能与老师一起去创造美，这是该艺术节最核心的价值。

其次，学校美术课程以青花瓷、中国结、京剧脸谱等内容，传承传统文化为主导，最大限度地为学生提供宽松空间、营造愉悦氛围，有序地在师生中展开创意实践活动。师生在文化理解、审美情趣等方面的素养得到很大提升，活动值得推广。

第六章 关于区域美育工作推进的思考

第一节　区域美术学科课程体系建构初步思考

以我区为例，我区坚持党的教育方针，坚持立德树人根本任务，认真落实《国务院办公厅关于全面加强和改进学校美育工作的意见》、广东省教育厅《关于转发教育部与广东省人民政府签署学校美育改革发展备忘录的通知》及珠海市教育局《关于征求〈关于落实教育部与省政府签署的学校美育改革发展备忘录的实施方案〉意见的通知》等文件精神，推动美育与德育、智育、体育、劳动教育相辅相成、相互促进，通过完善美育课程体系、优化整合美育资源和开设美育实践活动等举措，不断提升育人实效。我区围绕美术核心素养，在借鉴国际教育动向的同时注重保留和传承民族精髓，引进工作室制，以人为本，实现环境创设为课程实施服务，建立优质评价体系，实现育人终极目标。

一、传承传统经典，树立全新美育教育理念

美术教育本质是改善和滋养人趣味、品格、审美、审丑、批判精神的最直接方式，核心是通过大美术滋养人心性、实践各项不同材质方法形式的制作、完成试错，从而获得第一经验，同时舒展人内心，提供人的非语言情绪的表达途径，从而建立完成自我途径，美术其实就是作为素质教育各学科的基础。基于此，在严格按照国家课程标准进行教学的基础上，大力支持学校推进传统美育文化的特色课程，并鼓励

学习国际先进教育理念，发挥学科优势并做学科融合改革，全面改善学校美术教育格局，以推动香洲美术教育登上新台阶。

二、挖掘整编教材，形成全新课程内容架构

以"低科技，回归美术本位"为原则，从美术表现形式、材料、美术常识等方面对学校课程进行梳理、重组、整编。强调形成积极主动的学习态度，使获得基础知识与基本技能的过程同时成为学会学习和形成正确价值观的过程，加强课程内容与学生生活以及现代社会和科技发展的联系，关注学生的学习兴趣和经验，精选终身学习必备的基础知识和技能，鼓励学生主动参与、乐于探究、勤于动手，培养学生搜集和处理信息的能力、获取新知识的能力、分析和解决问题的能力以及交流与合作的能力。整体设置九年一贯的课程门类和课时比例，并设置综合课程，以适应不同区域学生发展的需求，体现课程结构的均衡性、综合性和选择性。课程设置三大类：基础课程、拓展课程、融合课程。

（一）基础课程

根据九年义务教育课程设置及教材内容，从学生年龄及心理发展特点出发，将统编教材内容按照美术门类、材料设置、学科融合等方式进行重组整编，形成以国家基础课程为蓝本的四大学习领域背景下的课程学习架构。如欣赏评述领域中开展中外建筑欣赏教学、中国画鉴赏、艺术设计及鉴赏、壁画欣赏、西方古典油画赏析等；综合探索领域中开展视觉元素探究教学、综合材料创作教学等。并制定各年段的课程目标、措施、实施步骤、各级评价制度等。

（二）拓展课程

基于整编内容，针对师生及学校特点，引导学校逐步开发美术拓展课程，打造本土、本校课程特色。开展美术工作坊创建活动、特色课程研发实践活动等拓展课程教学。如：版画特色课程、小型油画特色课程、锻造工艺课程、木工木雕课程等。发挥各学科教师优势，形成课堂教学、课外活动、校园文化的育人合力。

（三）融合课程

引导学校以学科融合教学为载体，充分挖掘不同学科所蕴含的丰富美育资源，

充分发挥语文、历史、音乐等其他学科的美育功能，充实美术课程内容，充盈美术课程内涵，整合社会资源，丰富拓展课程范围。大力引进社会的美育资源，走进美术馆，如珠海古元美术馆、珠海博物馆、珠海图书馆、各大社区文化创意园区等。参加社区各种艺术活动，开展丰富多彩的文化考察活动等。

三、引进工作室制，为课程实施成效提供舞台

基础美术教育中最核心的莫过于整合不同形式、对接传统和现代、就地取材，给予学生"自由、想象、思考、逻辑"等成长空间，运用"艺术作为完善人格的途径"的方式滋养学生内心。学校特色和美育校本课程研发和应用，可以带动校园、课堂、学科教学和学生学习的变化，从而形成香洲教育的德智体美劳五育并举的崭新名片。而这个名片的打造需要有一个很好的落地抓手去实施和实现它——工作室制。学校可以引进第三方梳理重组教材脉络，挖掘建构学校完善的课程体系，在原有的美术科组基础上形成专业的"工作室"，如版画工作室、综合材料工作室、泥塑工作室等，在全校学生当中开展科学有效、丰富多彩的美术教学活动，工作室制实行 80 或 90 分钟的教学时长，并加强与周边发达地区实行学科教研对话交流，进一步发挥工作室在学科教学上的积极作用。

美术工作室体现个性化的趣味和探究，让学生在轻松愉悦的环境中学习，大大提高了学生对美术的学习兴趣，学生能主动投入对美术知识和技能的学习与把握，并能将所学知识运用到实践中。工作室活动模式在运用中淡化学科性，以综合的课程设计将美术活动与其他学科结合起来，开拓了思路，既达到了教学目标，又促进了学生能力的发展。有利于教师因材施教，让每一个学生都有成就感，利于"教学相长"，教师在和学生共同的探究中不断深入学习和挖掘专业知识，在每天的教研氛围中快速成长，为活动积存了珍贵的经验，也促进了教师的专业成长，为学校学科整合的教育教学提供更多可能。

四、以人为本，做好课程实施的环境创设

尊重学校已有的空间设置，判断学校空间的特质及价值，根据学校的特色亮点

用质朴的材料呈现空间视觉效果，帮助学校重新建立艺术空间，实现让环境与孩子"对话"，建立美育工作"环境育人"的新模式。

基础美术教育中最核心的就是整合不同形式、对接传统和现代、就地取材，给予学生"自由、想象、思考、逻辑"等成长空间，空间设计与美术课程融合，形成一体化建设。学校课程体系在学校美育课程建设中才能发挥其高效的环境育人功能，充分满足每一个学生的不同需求。将功能室打造成课程专业工作室（陶艺工作室、版画工作室、染织工作室、综合绘画工作室等），将课程教学实施过程的文案、作品等各类素材与工作室空间融合，形成"人与环境的对话"，彰显课程教学的内涵。开创性地把美术空间融入校园文化纳入学校美育工作范畴，利用自然、朴素的色调搭配、原料选取、传统文化元素设计，打造让学生静谧身心的"校园客厅"，达到潜移默化润泽心灵之功效。

五、强化队伍素质，加大课程实施的内驱力

课程架构的完善，除了课程内容设置、环境创设外，更重要的就是教师队伍素质的提升。区域每月制定教师培训计划，采用自学＋集中培训原则，让老师们深入学习心理学、教育学、专业知识等，并重组课程内容架构，针对课程中专业知识和内容，组织教师进行集中培训学习，理论＋实践操作培训，有效促进教师的专业素质的提升。根据课程体系对教师队伍进行系统化训练，可以利用假期将教师组织到专门培训机构进行系统专业化培训，捋出一套美术教师的业务量，训练教师判断空间问题的能力，寻找解决空间环境设计问题的办法，掌握一套基本的美育教育的方法论等，创建一支德才兼备、业务精干、综合素养高的美术教师队伍。

以社团作为通向学校建立特色课程的有效支持，同时打造专业素质过硬的教师队伍，我区成立多个教师专业社团，如国画社团、综合绘画社团、综合材料社团、陶艺社团等。鼓励美术教师根据自身实际和专业特点自主开展交流活动，协助教育行政部门开展学校艺术教育活动；协办学生各类比赛；每个教师社团组建一支同项目的学生社团或到学校协助推动校园特色课程及艺术空间，学生社团成员可选自同一所特色项目的学校，也可以通过全区遴选组成；开展相关讲座及技术交流，提高全区师生艺术活动整体水平。

六、规范队伍管理，建立多元评价机制

把中小学学生学习美术、书法等艺术类课程以及参与学校组织的艺术实践活动情况纳入学业要求，探索将艺术类科目纳入初、高中学业水平考试范围。全面实施中小学学生艺术素质测评，将测评结果纳入初、高中学生综合素质评价。探索将艺术类科目纳入中考改革试点，纳入高中阶段学校考试招生录取计分科目，依据课程标准确定考试内容，利用现代技术手段促进客观公正评价。

改变课程评价过分强调甄别与选拔的功能，发挥评价促进学生发展、教师提高和改进教学实践的功能。改变课程管理过于集中的状况，实行国家、地方、学校三级课程管理，增强课程对地方、学校及学生的适应性。在各校开展"开放性、过程性、表现性"师生评价机制和学校美育评价机制。建立学校科组团队评价系统、学校"艺术空间"创建评价系统等。以评价机制倒推课程重构、队伍培训、空间创建等工作的有效开展。建立有效的学生评价体系，除了进行期末规范化学科检测及每年一次的省里的水平检测外，还需补充对课程项目学习的评价，如 STEAM 课程、版画课程、综合材料课程等。每年对"艺术空间"课程展示项目成果进行评估，并为学校授牌。

（一）对教师的评价

基础教学检测：通过期末抽测的方式对学生进行多元测评，测评结果纳入学校教师考核及职称评聘中。

拓展部分检测：对艺术工作室的创建、基础教学的拓展部分课程教学的成果、档案文献资料的提交、展览策划、学术交流、课题研究等检测。

（二）对学生评价

基础教学检测：从"造型—表现、设计—应用、欣赏—评述、综合—探索"四大领域，通过笔试、创作的方式对学生进行多元测评；

拓展部分检测：对基础教学的拓展部分课程教学的成果及掌握1—2项美术技能检测。

将美术学科纳入到中考必考学科项目中。

（材料提供：魏虹）

第二节　引进"工作室制"的学校美术教学思考

为什么提出在中小学美术教育引进"工作室制"？

美育教育是整个教育不可缺少的重要组成部分，也是一个系统工程，它是通过美学理论和审美经验的传授、学生审美活动的指导，培养学生正确、健康的审美观、审美情操，并通过审美实践活动提高学生欣赏美、创造美的能力，美术教育是美育重要的一部分。它对于培养学生健康的审美观念和审美能力、陶冶高尚的道德情操、培养全面发展的人才具有重要的作用。美育，主要通过具体的审美活动，有意识、有计划地培养和提高人的审美观念和审美能力。它的最终目标是塑造学生完善的人格，这是全面提高受教育者素质的重要方面。真善美是相互联系、相互渗透的，智育、德育和美育处于对立统一之中，美术教育能"以美启真""以美引善"。

学校特色和美术校本课程研发和应用，可以带动校园、课堂、学科教学和学生学习的变化，从而形成区域学校的德智体美劳五育并举的崭新名片。而这个名片的打造需要有一个很好的落地抓手去实施和实现它 —— 工作室制。

一、美术工作室制概念界定

这儿的工作室制所指的是"美术工作室"，是学校在一个专门为儿童少年营造的布满创意、富有艺术氛围的美术学习环境中，以培养学生个性、提高学生制造能力为主的教育教学形式。工作室最大的特点就是区别于课堂式教学整齐划一的学习方式，以美院的专业教学板块为蓝本，建立一套相对完善而又适合学校实情和未来发展的课程体系，依托创建的艺术空间，在课程体系下建构一种全新的教学模式，充分满足每一个学生的不同需求。如：版画工作室、泥塑工作室、国画工作室、综合材料工作室等，在这里，他们可以体验到艺术家工作的状态，做自己学习的主人。他们以个人喜欢的方式，按照自己的愿望进行创作，用一种个体而多样化的表达方式呈现自己对世界的认知，从而最大限度地发挥其潜能。

传统的美术学科教学内容比较单一，教法简单，美术课堂教学氛围缺乏较高的生气与乐趣，工作室教学活动模式在学校美术教学中的运用，改变了美术活动的课堂化教学倾向。

二、引进"工作室制"主要优势

（1）放大个性化的趣味和探究，让学生在轻松愉悦的环境中学习，大大提高了学生对美术的学习爱好，学生能主动投入对美术知识和技能的学习与把握，并能将所学知识运用到实践中。

（2）工作室活动模式在运用中淡化学科性，以综合的课程设计将美术活动与其他学科结合起来，开拓了思路。既达到了教学目标，又促进了学生能力的进展。

（3）有利于教师因材施教，让每一个学生都有成就感。这种获得感的体验加上激励表现性的奖励机制，学生会加倍付出努力，最大限度地发挥其能动性和创造力。

（4）这种模式还有利于"教学相长"，教师在和学生共同的探究中不断深入学和挖掘专业知识，在每天的教研氛围中快速成长，为活动积存了珍贵的经验，也促进了教师的专业成长。

学校在原有的美术科组基础上形成专业的"工作室"制度，在全校学生当中开展科学有效、丰富多彩的美术教学活动。当然，根据学校硬件配备的实际情况，可将空间进行有效整合，将其应用价值发挥到最大化。

三、引进"工作室制"缘由

（一）国家倡导即指导纲要意见

《国家基础教育课程改革纲要（试行）》中课程改革目标：改变课程过于注重知识传授的倾向，强调形成积极主动的学习态度，使获得基础知识与基本技能的过程同时成为学会学习和形成正确价值观的过程。改变课程结构过于强调学科本位、科目过多和缺乏整合的现状，整体设置九年一贯的课程门类和课时比例，并设置综合课程，以适应不同地区和学生发展的需求，体现课程结构的均衡性、综合性和选择性。改变课程内容"难、繁、偏、旧"和过于注重书本知识的现状，加强课程内容与学生生活以及现代社会和科技发展的联系，关注学生的学习兴趣和经验，精选终身学习必备的基础知识和技能。改变课程实施过于强调接受学习、死记硬背、机械训练的现状，倡导学生主动参与、乐于探究、勤于动手，培养学生搜集和处理信息的能力、获取新知识的能力、分析和解决问题的能力以及交流与合作的能力。改变课程评价过分强调甄别与选拔的功能，发挥评价促进学生发展、教师提高和改进教学实践的功能。改变课程管理过于集中的状况，实行国家、地方、学校三级课程管理，增强课程对地方、学校及学生的适应性。[1]

自改革开放以来，我国美术基础教育教材几经变革，为的是适应时代，培养适应国家未来发展的人才。近年我国国民经济持续蓬勃发展，硬实力不断增强，但在"软实力"（创意能力、人文精神、审美等）和发达国家还有差距！要改变美术教育现状，

---

[1] 百度文库 https://wenku.baidu.com/view/46456ce0366baf1ffc4ffe4733687e21ae45ff33.html 第1—3 页。

当下实行"工作室制"无疑是改变现状的最佳途径，也是实现美术教育目标的最有力抓手，变革提升"软实力"就是当下美术基础教育要做的工作。

《国务院办公厅关于全面加强和改进学校美育工作的意见》部分内容：培养学生会欣赏能参与的艺术特长，引导学生完善人格修养，强化学生的文化主体意识和文化创新意识。推动中华优秀传统文化传承发展，举办学生传统手工作品展、教师美术（书法）作品展；推动地方文化、乡土文化、民族文化传承与创新，学校美育立足本省实际，突出岭南文化特点，充分挖掘地方民间优质美育资源进校园、进课堂。因地制宜开展比赛交流活动，美育实践活动是学校美育课程的重要组成部分，要加强并纳入教学计划，实施课程化管理。学校应每年举办校园艺术节，各市、县（区）教育行政部门每年要定期举办艺术活动，每三年举办综合性学校艺术展演活动，构建课程教学、实践活动、校园文化、艺术展演"四位一体"的普及艺术教育推进机制。发挥美术院校专业的龙头作用，专业院校要积极在中小学校建立对口支持的基地。依托高校美育教师和学生力量，为全省（特别是粤东西北地区）中小学校美育课程教学、社团活动、校园文化建设、教师培训等提供持续性的定向精准帮扶和志愿服务，推动中小学美育日常化、多样化、特色化发展，切实提高教学水平和教育质量，努力让每一个学生都能享有公平而有质量的美育教育。加强美育教师队伍建设，要努力建设一支师德高尚、业务精湛、结构合理、充满活力的高素质美育教师队伍等。[1]

（二）美术学科对其他学科教学的影响与促进

美术对其他学科的渗透不仅是美育自身发展的途径，也是教育科学发展的必然要求。美术教育是一种自由形态的教育，比较容易与各学科教育相结合，渗透到各学科教育之中去。各学科都蕴涵了丰富的美术教育的因素，各学科教师如能发掘并传播这些审美因素，将美术教育渗透到各学科课程教学中，既拓宽美育的途径，也能提高学科教育的教学效果。

我国著名教育家蔡元培先生非常重视美育与学科教育的融合，他曾认为美育就

[1] 中共中央办公厅 国务院办公厅印发《关于全面加强和改进新时代学校体育工作的意见》和《关于全面加强和改进新时代学校美育工作的意见》http://www.gov.cn/zhengce/2020—10/15/content_5551609.htm 中央人民政府门户网站 2020 年 10 月 15 日发布，摘取部分关键文字。

是应用美学之理论于教育。学科教学是学校工作的中心环节，美育要以教学过程为主要途径，要融入各学科教学，才能真正达到教书与育人目标的高度统一。学校应当充分发挥各学科教学的主渠道作用，根据学科的特点和规律，充分挖掘各学科所蕴含的美育因素，采取多种形式和手段，在教学的各环节力求渗透美育内容，给学生创造美的氛围，使学生在愉悦之中获得知识，在潜移默化中实施美育。大量教育实践证明，讲得好的课，往往都能给人以美的享受。因此那些能充分激发美感，师生双方都乐于去求真、求美、求善的学科教育都可以说是美育，美育应该是所有学科教育共同追求的最高境界。美育和学科教育是相辅相成的，它既是教育的一个组成部分，又渗透于各学科教育中，它是各科实现教育目的的重要手段，美育可以提高教学效果，而教学效果的提高，又保证了美育的发展。只有正确认识了美育在教学中的地位和作用，才能更好地把美育思想融合到教学的各个环节及各个学科之中去，才能培育出全面发展的学生，真正实现素质教育。

（三）美术教育的内涵（传统定义及教材）和外延（视觉艺术发展现状及未来）

当下的美术已经不能完全概括当下世界艺术的全部内涵了，早在半世纪之前曾经我们认为的"画画、手工"已经延展为视觉艺术概念。紧随中央美术学院及国家教育部提出的"美育"培养，包容过往的"画画及手工"教育之后，我们如何用"视觉艺术"使学生望向国际艺术趋势？如何用专业艺术引领当下美术教育？如何让学生在全球当代艺术环境中解放"创意"？如何用艺术家思维来思考问题？如何用设计师思维来融入生活？如何让学校环境的视觉形象发生变革？如何让美术延展为大视觉学习并转换为自己的学习力？如何运用"绘画治疗"滋养日趋发展的学生心理问题？如何在当下学习生活空间上做到以人为本、以人为中心、以素养和能力为导向的课程体系等等。而这些目标的实现，对应前面所讲"学校引进工作室制"的优越性，目前此举才是最佳选择。

（四）创造力的训练（工作室制推行推进师资队伍及学生学习）；艺术工作的逻辑训练（促进学生自我学习及美育进入生活）

在我市，虽然美术教师队伍已经基本专业化，但教师来自不同院校的不同专业，特别是离开院校走入工作岗位后的教师们没有继续学习的决心和恒心，教师也不擅长设计、布展、装饰设计等极其专业的工作，教师眼界、学术研究、实践都缺乏，更是对于心理学和艺术教育关联没有研究，而我们的检阅眼光又都在专业级别，所以改革是契机，长期督导是重任，"工作室制"在校园的推进可以帮助学校解决专业课程及艺术空间、教师队伍的短板问题，但只有通过购买第三方机构服务才能系统全面地推进此项工作。

（五）美育对于环境影响和改善

真实、朴素的艺术教育展开后，一定会通过不断实践的"艺术工作"让学生获得自我肯定、逻辑思维提升和创造力滋养。通过实践视觉艺术教育提升学生能力之余，反哺学生其他学科学习能力，滋养学生内在，唤醒和点燃学生主观能动力。而环境的改善无疑是美术教育的重要部分，环境的改善要基于课程体系的建构和实施，课程又需要通过"工作室"来创建与挖掘，课程推动空间的创立，空间的打造又倒推课程的发展，最终促进师生发展和学校发展。

我们如何用设计思维让学校发生变革？如何在空间的变革上以人为本？更重要的是如何构建以人为中心的、以素养和能力为导向的课程体系？我们需要像设计师一样思考教育。以设计思维为指引，创新构建跨学科的美术课程体系，始终把人置于中心地位，开发"统整项目课程"。以人为本，建设"美貌"与"智慧"并存的学校，实现空间环境滋养孩子心灵的愿望。

四、区域学校美术教育现状存在的问题

学校美育是学校内涵发展关键之所在，基于此，现将我区美育现状及存在问题、变革设想反思如下：

我区各校按照国家美术课程方案规定足额配备美术教师，确保美术课程开齐开足，执行国家课程计划，规范课程设置，美术课程开课率达到标准要求；美术专用教室、设备设施基本达到配备标准，能够满足学校美术课程教学和课外艺术实践活动的需求。

学校开展课外艺术活动非常活跃，着力培养学生一两项艺术爱好，掌握一门艺术技能，加强"一校一品"特色学校建设，努力构建"一校一品""一校多品"的局面。目前，我区有18所中小学已经开设了相应的特色课程，在美术课堂教学、课外活动和校园文化"三位一体"建设方面均取得了不同程度的成效。

我区美术教育存在问题：

（1）虽然严格按要求开齐开足美术课、开展第二课堂活动、学校美术社团活动课程化、校本化，区督导室与教科培中心监督力度有所加强。但从专业角度剖析，学校的课程架构较随意，没有对学校美育课程进行一个科学化、专业化的梳理、重组和规划，没有深入挖掘形成自己学校的美育课程体系，导致为课程而教课程，无法真正实现"以美促育"。

（2）美术教师群体追求个体发展多过考虑集体发展，导致部分学校的团队建设不够强劲，个体与群体"命运共同体"发展的队伍架构建构不完善，又加之没有一个完善而科学的专业课程体系，在教学教研的高度引领方面满足不了教师的专业需求，授课从内容到形式，从方法到反思都做不到深层次的延伸发展。从美育教育发展角度来说，学校的教育教学必须占首位，而部分美术教师并没有认清和精准确定好这个目标，教师大、小空间意识不强，没有大美术观意识，以至方向发生偏移，不是"重术轻育"，就是"重育轻术"。没有形成较完善的队伍系统化架构，队伍

素质的缓慢提升影响到学校艺术教育的特色创建和学生艺术素养的良性发展，影响学校的美育教育的有效推进。美术教师队伍缺乏周密、专业、系统、科学的培训体系或架构。

（3）由于美术课程、教师队伍建设的原因，导致专业美术教室缺乏创意，没有很好地将课程教学与美术空间完美相融，打造有创意、体现课程内涵的艺术空间（环境），最大限度发挥其育人功能。

（4）课程发展是学校及师生发展之核心和根本。国家对于"学科融合"已经提了几年，但学校学科教学都还是处于学科之间割裂开的现状，没有真正将"学科融合"落地，没有找到一个合适可行的方式或者说是抓手来实行。

（5）学校美术教育的地位不够稳固，学校一把手对本校美术教育的重视和规划需进一步关注和推进。学校美术科组长及学校主管学科的领导是关键人物，他们的认知度和支持度决定科组教师队伍的发展和提升效果。

（6）缺少一套系统的课程架构及有效的美术教育评价机制，真正促进学校美术教育的有效发展。

（7）区美术教育发展缺乏高端专业导师团队引领及区在支持美术教育发展的经费投入上还有待加大。

五、区域学校美术教育工作改革思考

秉着"以美育人 完善品格"教育发展目标，将"专业美术学院工作室制"引进校园，考虑分批确定美育改造试验学校，对我区中小学美术课程体系、师资队伍打造、育人环境的创建、评价机制等方面，提出以下工作思考：

（1）依照美院的课程体系，根据义务教育阶段的学生身心特点，帮助学校提炼美育课程体系，建构一套完整的专业课程架构。根据学校现有的课程、国家教育部配备的规范教材内容，以"低科技，回归美术本位"为原则，对学校美术课程进行梳理、重组、整编，从美术表现形式、材料、美术常识等方面罗列出课程菜单，供学校选择。如：版画、综合材料、陶艺、布艺、综合绘画、中国画等课程，给学生呈现相对专业、高端的课程体系标准，同时在学校已开展的特色课程基础上进行纵深和延展。引进第三方梳理重组教材脉络，挖掘建构学校完善的课程体系。

（2）根据课程体系对教师队伍进行系统化训练，可以利用假期将教师引入专门培训机构进行系统专业化培训，如，针对教师先从"美术知识""美术技能"层面进行拔高，捋出一套美术教师的业务量，训练教师判断空间问题的能力，寻找解决空间环境设计问题的办法，掌握一套基本的美育教育的方法论等，创建一支德才兼备、业务精干、综合素养高的美术教师队伍。

（3）帮助学校打造能体现本校课程内涵的艺术空间（大空间、小空间）。加大硬件投入和吸纳社会力量做铺垫，引进第三方打造学校"工作室"教学，创建与课程教学匹配的"艺术空间"。尊重学校已有的空间设置，判断学校空间的特质及价值，根据学校的特色亮点用质朴的材料呈现空间视觉效果，帮助学校重新建立空间的识别系统，可以是普通教室，也可以是开放式的角落、走廊等，总之它是开放型的、整合性的、多维度的，利用空间开展扎实有效的艺展活动。以片区校际联盟的方式齐头并进开展"艺术空间"成果展示活动，也可以提取几间已经打造成熟的"美育排头兵"学校为牵头校，开展校际联盟活动，带领周边学校联合打造"艺术空间"。每年对"艺术空间"课程展示成果进行评估，并授牌。学校的阅览室、心理室等空间，都可以指向内在性的东西，文字之美、器物之美、空间之美等，把边界有意识地去除掉模糊化，是未来学校教育美育教育值得探索的一个方向。

（4）建立健全学校美术教育工作评价机制。在各校开展"开放性、过程性、表现性"师生评价机制和学校美育评价机制。建立学校科组团队评价系统、学校"艺术空间"创建评价系统等。以评价机制倒推课程重构、队伍培训、空间创建等工作的有效开展，建立有效的学生评价体系，除了进行期末规范化学科检测及每年一次的省里的水平检测外，还需补充对课程项目学习的评价，如STEAM课程、版画课程、综合材料课程等。

（5）搭建学校与社区的艺术教育平台，开展各类美术教育展演活动，建立学校和社会艺术机构联盟，开展多维度多元化的艺术活动，让学生的艺术学习成果走向社会化。

（6）区少儿花会比赛形式可考虑各校以团队工作室的特色课程成果展示呈现：

①思考成立新的组织架构（学术委员会）。学术委员会组织执行收集活动资料，进行定期研讨、检讨，提供执行中的纠错和扶正措施，切实解决问题。

②以全体美术教师的整体培训为指引，点醒当下教育中的误区、误解。让正确美术教育的切入点和方法论实践，通过少儿花会的形式呈现结果。

③公布少儿花会的学术主旨，学术研究方向，收集作品及教育教学案例。展览展示作品集合、过程录影、课程架构及实施方案、课程相关文案文献材料等，本着以推动美术教育变革为目的，向社会渗透正确美术教育观念为主旨，以修正教育教学偏颇、不当为根本。

④奖评机制贴合教育、创造、方法、心理学等来设定不同类别的荣誉，不单独设立一、二、三等奖来概括所有参加者，鼓励学校普及参与性并凸显学校"一校一品""一校多品"的特色。特别奖励作品被社会机构认购的学生，鼓励实践应用。还可以思考跨界综合书店（公共艺术空间）展示成果。

⑤少儿花会闭幕，要举办学术论坛。可以分板块、年龄、材料进行分组论坛。可以有展演教育活动、论文论证（教育实践分享）、观点讨论等，最后结集成书，作为区级教研教学成长资料和档案。

⑥奖励办法可以是提供组织在珠海研讨或外出学习研讨机会，促进教师成长，反哺学校美育。

⑦将学校美育工作成效（包括少儿花会）纳入每年区的学校督导评估中。

⑧区美育工作幼小初衔接的推进，业务上抓手就是工作室制，行政抓手是校际联盟，空间展示的可以是校际联盟的精品成果，同时展示校际联盟的发展过程。我们可以给自己搭个平台来做不一样的表现形式。把联盟校做个基本架构，可以考虑在架构中搭进社会高端艺术团队的支撑力度。

美育工作"工作室制"是一项系统化的工程，不是能立竿见影的，需要长期的积淀养成，才能潜移默化地影响人的情感、趣味、气质、胸襟。为此，美术教育学科建设必须纳入到区域中小学校课程的整体规划，面向全体，扎实为学生一生打下美的"底色"，使学校美育工作规范发展。

（材料提供：魏虹）

参考文献

[1] 尹少淳：《小学美术教学策略》，北京师范大学出版社，2010 年 4 月第一版。

[2] 尹少淳：《谈美术教育》，人民美术出版社，2016 年 11 月第一版。

[3] 仉坤、张立：《民间美术之旅》，中国纺织出版社，2015 年 9 月第一版。

[4] 百度文库 https://wenku.baidu.com/view/46456ce0366baf1ffc4ffe4733687e21ae45ff33.html 第 1—3 页。

[5] 中共中央办公厅 国务院办公厅印发《关于全面加强和改进新时代学校体育工作的意见》和《关于全面加强和改进新时代学校美育工作的意见》http://www.gov.cn/zhengce/2020—10/15/content_5551609.htm 中央人民政府门户网站 2020 年 10 月 15 日发布，摘取部分关键文字。

后　记

写本书之前，我心里有很多的顾虑，自己的才疏学浅，对于美育现状自己心中有许多的疑虑。读到了几篇国家的指导意见或方案，深深感到国家对学校的美育教育工作有着非常大的扶持，为学校营造更宽广的美育发展空间，这也让我对今后的美育工作树立了更大的信心。在这一年多的酝酿过程中，我有幸结识了教育界、美术界的大师们，以及官方美育优秀的管理者和工作者们，与他们慢慢交流，细细品读，这才有了清晰的想法。

感谢珠海市教育局、珠海市香洲区教育局的大力支持！感谢香洲区教师发展中心搭建的平台！感谢市、区美术教研员吴彦文、李靖老师提供学习的机会，感谢珠海容闳学校的常晓冰副校长的指导，感谢斗门一中的周立清副校长的支持，感谢张笑、张耀仁、关勇、魏涛、苏霞、周庆、黄文媛、杨波、罗秀兰、赵云卿、王敏、管艳欣、李海民、刘炜、刘箫、楚玲玉、葛璠、袁满娥、梁咏琪、蔡晓霞、文丽凤、吴青燕为本书提供案例材料，感谢刘奕菲对本书稿进行最后校稿。

刚毕业的美术科班生来到珠海这个城市，正在迷茫中找到了学校，成为学校一名美术教育工作者。无论是为了谋生计，还是为了自己的教育情怀，总之已经置身事中了。你们还没来得及读懂"新课标"，又有了"核心素养"，在美术教育教学的海洋中，免不了会迷失方向。此书仅为年轻的美术教师提供一点微薄的帮助，希望它能为大家提供一点思考的空间和机会。如果你们在阅读的过程中，开始质疑书的内容和措辞时，我想你的进步已经开始了……

在以后的日子里，我将会和你们一起遨游奋进！

魏虹

2020年10月